西 安 交 通 大 学
人口与发展研究所·学术文库

员工社会网络
与个人绩效研究
——以中小企业为例

Employees Social Network and
Individual Performance

杜 巍 任义科 蔡 萌／著

社会科学文献出版社
SOCIAL SCIENCES ACADEMIC PRESS (CHINA)

总　　序

　　西安交通大学人口与发展研究所一直致力于社会性别歧视与弱势群体问题的研究，在儿童、妇女、老年人、失地农民、城乡流动人口（农民工）和城镇企业困难职工等弱势群体的保护和发展等领域进行了深入研究。研究所注重国内外的学术交流与合作，已承担并成功完成了多项国家级、省部级重大科研项目及国际合作项目，在弱势群体、人口与社会发展战略、公共政策研究等领域积累了丰富的理论与实践经验。

　　研究所拥有广泛的国际合作网络，与美国斯坦福大学人口与资源研究所、杜克大学、加州大学尔湾分校、南加州大学、加拿大维多利亚大学、圣塔菲研究所等国际知名大学和研究机构建立了长期的学术合作与交流关系，形成了研究人员互访和合作课题研究等机制；同时，研究所多次受到联合国人口基金会、联合国儿童基金会、联合国粮农组织、世界卫生组织、国际计划、美国 NIH 基金会、美国福特基金会、麦克阿瑟基金会等国际组织的资助，合作研究了多项有关中国弱势群体问题的项目。国际合作使研究所拥有了相关学术领域的国际对话能力，扩大了国际影响力。

　　研究所注重与国内各级政府部门的密切合作，已形成了与国家、地方各级政府的合作研究网络，为研究的开展及研究成果的推广提供了有利条件和保障。研究所多次参与有关中国弱势群体、国家与省区人口与发展战略等重大社会问题的研究，在有关政府部门、国际机构的共同合作与支持下，在计划生育和生殖健康、女童生活环境等领域系统地开展了有关弱势群体问题的研究，并将研究结果应用于实践，进行了社区干预与传播扩散。1989 年以来，研究所建立了社会实验基地 6 个，包括"全国 39 个县建设新型婚育文化社区实验网络"（1998～2000 年，国家人口和计划生育委员会）、

"巢湖改善女孩生活环境实验区"（2000～2003 年，美国福特基金会、国家人口和计划生育委员会）、"社会性别引入生殖健康的实验和推广"（2003年至今，美国福特基金会、联合国人口基金会与国家人口与计划生育委员会）等。其中，"巢湖改善女孩生活环境实验区"在国内外产生了重要的影响，引起了国家和社会各界对男孩偏好问题的重视，直接推动了全国"关爱女孩行动"的开展。

近年来，研究所开始致力于人口与社会可持续发展的理论、方法、政策和实践的系统研究，尤其关注以社会性别和社会弱势人群的保护与发展为核心的交叉领域。作为国家"985 工程"研究基地的重要组成部分，研究所目前的主要研究领域包括：人口与社会复杂系统的一般理论、分析方法与应用研究——探索人口与社会复杂系统的理论和方法，分析人口与社会复杂系统的一般特征及结构，建立人口与社会复杂系统模型，深入分析社会发展过程中出现的重大人口与社会问题；人口与社会政策创新的一般理论、分析方法与应用研究——分析人口与社会政策创新的理论内涵与模式，人口与社会政策创新的政策环境、条件、机制、过程与应用，建立人口与社会政策创新评估体系；转型期面向弱势群体保护与发展的社会政策创新研究、评价与实践——以多学科交叉的研究方法，研究农村流动人口在城镇社会的融合过程，分析农民工观念与行为的演变及其影响机制，研究其人口与社会后果，探索促进农民工社会融合的途径，探讨适合中国国情的城镇化道路；国家人口与社会可持续发展决策支持系统的研究与应用——在人口与社会复杂系统和人口与社会政策创新研究的基础上，结合弱势群体研究所得到的结果，面向国家战略需求，从应用角度建立人口与社会可持续发展决策支持系统，形成相应的数据库、模型库、知识库和方法库，解决人口与社会可持续发展过程中的重大战略问题。

中国社会正处于人口与社会的急剧转型期，性别歧视、城乡社会发展不平衡、弱势群体等问题日益凸显，社会潜在危机不断增大，影响并制约着人口与社会的可持续发展。西安交通大学人口与发展研究所的研究成果有利于解决中国社会面临的、以社会性别和弱势群体保护与发展为核心的人口与社会问题。本学术文库将陆续推出其学术研究成果，以飨读者。

内容摘要

本书利用 2009 年西安市中小企业调查数据，剖析中小企业员工正式关系网络和非正式社会网络结构特征，进而揭示员工不同层次的互动关系对员工个人绩效的影响。本书从个体层次、小团体层次和整体网络层次对中小企业员工社会网络的不同特征和指标进行了较为全面和深入的分析研究，同时还揭示了正式关系网络和非正式关系网络的个体、小团体和整体层次结构对中小企业员工个人主观和客观绩效的影响。本书研究为认识中小企业内部员工互动关系特点提供了新的视角，对制定改善中小企业组织结构，促进中小企业健康稳定发展策略提供了理论与现实依据。研究结果对促进和改善中小企业制度性与非制度性组织结构，通过提高企业员工个人绩效进而提高组织绩效，具有一定的参考价值和现实意义。

ABSTRACT

Using data from a SMEs survey in Xi'an in 2009, this book analyzes the structure of formal and informal social networks, by which the network structures at individual, clique, and whole group levels in SMEs were demonstrated. And then shows the effects of social network structure on individual performance. This book analyzes the different characteristics and indices of social networks of SEMs' employees in individual, clique, and whole group levels. This book shows the effects of individual, clique, and whole group levels of formal and informal network structures on individual performance in SEMs. This book provides a new view to recognize the characteristics of interaction relations and social networks of SEMs' employees. Also this book gives some theoretical and practical suggestions to improve SMEs' organization structure and development. The findings carry many important implications for the promotion and reform of formal and informal organizational structures in SMEs, which might be a good way to enhance organizational performance by increasing employees' individual performance.

前　言

随着经济的发展，中小企业在中国国民经济中发挥了越来越重要的作用。企业绩效作为衡量企业经营成果最直接的指标，已经被企业广泛应用并且成为研究热点。组织、团队和个人构成三位一体的企业绩效体系，组织绩效来源于组织内各个团队的绩效整合，而团队绩效又来源于团队内每个员工的创造合力。因此，组织绩效和团队绩效本质上都来源于员工的绩效。在关于绩效的研究中，通常把绩效管理看成一套以员工为核心的管理参与方式，其目标在于加强个别员工绩效对组织绩效的积极作用。企业绩效既与宏观经济制度有关，也受企业内部组织结构的影响，还受个人层面关系结构的影响。目前，相关研究主要集中在中小企业的组织结构对企业绩效的影响上面，很少从企业员工正式关系和非正式关系角度，运用社会网络分析方法对中小企业员工社会网络结构及其对个人绩效的影响进行深入研究。

学术界关于个人绩效的影响因素研究主要从个人因素和系统因素两方面进行。注重个人因素就是从企业员工个体出发，从个人属性差异来进行研究；注重系统因素则是从各个影响因素之间的相互作用及环境的作用方面进行分析。虽然可以使用函数、定量方法对个人因素进行研究，也易于进行标准化分析，却容易导致因影响因素不全面而产生误差，个人绩效影响因素之间的关系无法厘清，对环境因素的理解不够等问题。与此同时，虽然系统因素分析能够补充个人因素分析中的缺失因子，且能够厘清各个影响因素之间的关系、作用机制，但是仍然存在无法突出主要因素，因素之间过于复杂，建立的模型缺乏针对性等问题。因此，无论是从个人因素还是从系统因素进行研究，都无法全面、有效地分析问题，因而本书试图从另一个视角——社会网络进行研究，进而搭建个体与整体、微观与宏观、个人与系统之间的桥梁。

与传统的统计分析不同，社会网络分析是把个体间的"关系"作为分析单位，而不是把个体的"属性"作为分析单位。近年来，社会网络分析方法以其易于实证的特点而受到多个学科青睐，被广泛应用于经济学、社会学、人口学等多个领域，在管理学领域也受到越来越多的重视。应用社会网络分析方法来研究经济管理问题，已经成为新的热点。社会网络分析有助于摆脱范畴或属性分析的个人主义方法论、还原主义解释和循环论证的困境，并以其便于实证的特点而被广泛应用。虽然社会网络概念已经用于企业组织与团队绩效的研究，但还比较缺乏系统的社会网络分析。尤其是网络研究的最新成果——复杂网络的分析方法，没有受到研究者的广泛重视。目前，小世界现象（Small-world Phenomena）和无标度特性（Scale-free Property）、社群结构（Community Structure）成为复杂网络研究领域最受关注的热点问题。但由于研究方法相对滞后以及网络数据尤其是整体网络数据难以获得，有关企业组织社会网络结构的深入分析还不多见。企业组织成员具有自组织、涌现等复杂性特征，基于属性变量的统计分析难以揭示这种复杂性。目前，管理学领域虽然已经涉及相关的理论和模型的应用研究，但是在企业绩效研究中却很少见到运用复杂网络、采用多学科交叉方法研究得到的成果。

基于实际调查数据，本书利用社会网络理论、复杂网络理论以及绩效理论与分析方法，系统研究我国中小企业员工之间的互动关系——社会网络的结构特征现状及其可能对员工个人绩效产生的影响。具体而言，本研究在社会网络分析、统计分析的基础上，将网络度分布特征、连接倾向性、社群结构和小世界现象等复杂网络特征研究引入中小企业员工社会网络研究中，揭示企业员工在不同互动中的关系现状，对比不同性质企业员工社会网络的结构差异，探讨产生这种差异的可能原因；分析不同层次（个体、小团体和整体层次）的社会网络结构及其所表征的正式互动关系与非正式互动关系对企业个人绩效包括主观绩效和客观绩效的影响。本研究不仅拓展了社会网络和复杂网络分析在企业管理领域中的应用，而且对网络结构在理论和应用上的研究具有一定推动作用。另外，本研究还有助于从不同视角深入认识我国中小企业组织结构现状，对改善中小企业制度性与非制度性组织结构有一定的借鉴价值，同时也为提高企业员工个人绩效，进而改善组织绩效的有关策略的制定具有重要参考价值，对提高中小企业竞争力具有重要的现实意义。

　　本书的研究设计、框架构建和主体内容的写作得到了西安交通大学人口与发展研究所李树茁教授的悉心指导，在此向李树茁教授表示由衷的感谢。同时还要感谢西安交通大学公共政策与管理学院杜海峰教授和微软亚洲研究院赵晨博士对本书提出的宝贵意见和建议。2009 年 6 月，在微软亚洲研究院的全力协助下，我们在西安市组织了"组织结构与团队绩效"问卷调查，利用本次调查数据，我们撰写并发表论文近十篇，培养了两名博士。本书的调查数据是西安交通大学人口与发展研究所流动人口课题组全体成员精诚协作的成果，在企业调查过程中，张伟、张琪、南征和薛平先生也给予了全方位的支持和配合，在此向课题研究和本书写作过程中给予无私帮助的所有同人表示衷心的谢意。本书是运用复杂性科学研究方法，尤其是复杂网络分析方法在企业组织与团队绩效领域进行研究的一次新的有益尝试。本书的研究和出版受到了教育部人文社会科学研究青年基金项目（12YJC840005）、教育部"新世纪优秀人才支持计划"（NCET - 08 - 0451）、微软亚洲研究院合作项目（社会网络结构和团队绩效）和西安交通大学 985 - 3 "社会转型期公共政策分析"研究方向的联合资助。

　　由于作者水平有限，书中不妥之处在所难免，恳请读者批评指正。

作者

2013 年 10 月

目　　录

Contents

第一章　绪论

第一节　研究背景

随着社会、经济的高速发展，企业绩效作为衡量企业经营成果最直接的指标，已经被企业广泛应用并且成为学界研究的重点。绩效计划（Performance Planning）、管理绩效（Managing Performance）、绩效考核（Performance Appraisal）和奖励绩效（Rewarding Performance）等与"绩效"有关的活动已逐渐成为组织的一种"管理风尚"（Koontz and Weihrich，1998），也成为中小企业利用资源，增强企业核心竞争力，获取竞争优势的重要途径。虽然我国中小企业在在职工人数、销售额和资产总额等方面均小于大企业，但是在数量上却占绝对优势：2007 年，在我国国有及规模以上非国有工业企业中，大、中、小型企业分别占企业总数的 1%、10% 和89%，如果将中、小型工业企业合并计算，其企业数占 99%（国家统计局，2008）。自 2003 年至今，我国中小型企业数量增加迅猛，特别是小型企业数量逐年扩大，到 2013 年 7 月底，我国中小企业超过 1300 多万户，占全国企业总数的 99% 以上。中小企业创造的最终产品和服务的价值超过国内生产总值的 60%，生产的商品占社会销售总额的 59%，上缴税收超过 50%，提供了 80% 的城镇就业岗位（李佳霖，2013）。中小企业不仅是我国经济的活力之源，也是经济快速发展的"助推器"。但是，《2005 年中国中小企业治理研究报告》显示，目前，我国的中小及个体企业普遍存在公司治理不合规的问题，中小企业缺乏规范的绩效评价体系，更缺乏对企业员工个人绩效现状及其影响因素的系统研究。

　　组织、团队和个人构成三位一体的企业绩效体系，组织绩效来源于组织内各个团队绩效的整合，而团队绩效又来源于团队内每个员工的创造合力。因此，组织绩效和团队绩效本质上都来源于员工的绩效。在关于绩效的研究中，"更多的人似乎把绩效管理视为一套以员工为核心的管理参与方式，其目标在于加强个别员工绩效对组织绩效的积极作用"（Willems，2002）。

　　目前，学术界已经对个人绩效进行了多方面的研究，但是对个人绩效的概念仍未达成共识，主要有两类观点：其一，输出观点，即个人绩效是一种输出绩效，主要是从任务（目标）管理的思想出发，通常人们将绩效看作产出或者结果，这与人们日常感受相符合，易于人们理解和接受，具有客观性、操作性强、容易明确具体指标等特点（Richard and Peter，2004；Bernardin et al. 1995）；其二，输入观点，即个人绩效是一种输入的绩效，主要是从任务绩效（Task Performance）和周边绩效（Contextual Performace）的角度提出（Brief and Motowidlo，1986；George and Brief，1992；Borman，2004）。关于个人绩效的研究主要集中在对个人绩效的考核、个人绩效的评价、个人绩效的管理以及个人绩效的影响因素研究方面。在对个人绩效的研究中，如何提高个人绩效才是最关键的问题。只有全面了解影响个人绩效的因素后才能够从根本上解决个人绩效不高的问题，进而有助于针对个人绩效的考核、评价和管理，制订科学的方法和标准。

　　学术界关于个人绩效的影响因素研究主要是从个人因素和系统因素两方面进行的。个人因素方面就是从企业员工个体本身出发，从个人属性差异方面来进行研究。系统因素方面则是对各个影响因素之间的相互作用、环境的作用进行分析。虽然个人因素方面能够有效地使用函数、定量方法进行研究，易于标准化分析，却容易产生分析绩效时因影响因素不全面而出现误差，个人绩效影响因素之间的关系无法厘清，对环境因素的理解不够等问题。与此同时，虽然系统因素分析能够补充个人因素分析中的缺失因子，且能够厘清各个影响因素之间的关系、作用机制，但是仍然存在系统性不强，无法突出主要因素，因素之间过于复杂，建立的模型缺乏针对性等问题。由此可见，无论是单从个人因素出发还是从系统因素出发进行研究，都无法全面、有效地分析问题，因而本书试图从另一个视角——社会网络进行研究，进而搭建个体与整体、微观与宏观、个人与系统之间的桥梁。

　　与传统的统计分析不同，社会网络分析是把个体间的"关系"作为分析单位，而不是把个体的"属性"作为分析单位。近年来，社会网络分析方法以其易于实证的特点而受到多个学科青睐，被广泛应用于经济学、社会学、人口学等多个领域，在管理学领域也受到越来越多的重视（刘军，2004；李培林，1996）。应用社会网络分析方法来研究经济管理问题，已经成为新的研究热点（罗家德，2005）。

　　社会网络研究也在不断发展，传统社会网络研究与复杂网络研究交相辉映，共同构成复杂性科学的研究内容（许丹等，2004）。由于经济、管理或社会系统是由人构成的，他们的互动不但具有社会网络的一般性含义，同时兼有自组织、涌现等复杂性特征。因此，管理学领域内主要基于属性变量的统计分析难以揭示这种复杂性。目前，管理学研究领域虽然已经涉及相关的理论和模型的应用研究，但是运用复杂网络模型的应用研究，尤其是在企业绩效研究中还很少见到相关研究成果，运用多学科交叉进行的综合性研究较少。

　　中小企业的组织结构从平面离散型模式、平面系列型或立体离散型模式，发展到立体网络状型模式，适应了不同阶段企业发展的需要。学术界已经开始关注我国中小企业组织结构，特别是不同企业之间形成的产业链或者企业集群可能对企业整体绩效产生的影响，但是，还缺乏从企业员工互动关系视角探讨企业内部结构，包括员工在工作中形成的正式互动关系以及非工作状态形成的非正式互动关系（例如社会交往、社会讨论等）。从员工视角分析企业内部结构，不仅可以为从特定方面探索中小企业组织现象提供新方向，深刻剖析企业内部互动结构，而且还可以为深入分析企业员工和组织绩效提供新视角和方法。

　　基于实际调查数据，本书利用社会网络理论、复杂网络理论以及绩效理论与分析方法，系统研究我国中小企业员工之间的互动关系——社会网络的结构特征现状及其可能对员工个人绩效产生的影响。具体而言，本书在社会网络分析、统计分析的基础上，将网络度分布特征、连接倾向性、社群结构和小世界现象等复杂网络特征研究引入中小企业员工社会网络研究中，揭示企业员工在不同互动中的关系现状，对比不同性质企业员工社会网络的结构差异，探讨产生这种差异的可能原因；探讨不同层次（个体、小团体和整体）的社会网络结构及其所表征的正式互动关系与非正式互动关系对于企业个人绩效包括主观绩效和客观绩效的不同影响。本书不仅拓展了社会网络和复杂网络分析在企业管理领域中的应用，对加速我国网络结构研究在理论和应用上有一定推动作用；而且，有助于从不同视角深入认识我国中小企业组织结构现状，对改善中小企业制度性与非制度性组织结构有一定的借鉴价值，同时也为提高企业员工个人绩效，进而改善组织绩效的有关策略的制定具有重要参考价值，对提高中小企业竞争力具有重要的现实意义和社会意义。

第二节　概念界定

一　中小企业

中小企业一般是指规模较小或处于创业阶段和成长阶段的企业，包括规模在规定标准以下的法人企业和自然人企业。广义的中小企业指大型企业以外的所有企业，既包括中小法人企业，也包括个体企业；而狭义的中小企业指除了个体企业以外的中小法人企业。我国中小企业的界定标准自新中国成立以来经过了 8 次调整：①新中国成立初期曾按固定资产价值划分企业规模；②1962 年，改为按人员标准对企业规模进行划分；③1978 年，国家计委发布了关于基本建设项目的大中型企业划分标准的规定，把划分企业规模的标准改为年综合生产能力；④1984 年，在国务院有关国营企业第二步利改税试行办法中，对中国非工业企业的规模按照企业的固定资产原值和生产经营能力创立了划分标准；⑤1988 年，对 1978 年标准进行修改和补充，重新发布了大、中、小型工业企业划分标准，按不同行业的不同特点进行了分别划分；⑥1992 年，我国又对 1988 年划分标准进行了补充，增加了对市政公用工业、轻工业、电子工业、医药工业和机械工业中轿车制造企业的规模划分；⑦1999 年再次修改，将销售收入和资产总额作为主要考察指标；⑧目前，我国对中小企业的界定有定性和定量两种方式。在《中华人民共和国中小企业促进法》中，定性表述为"中小企业是指在中华人民共和国境内依法设立的有利于满足社会需要，增加就业，符合国家产业政策，生产经营规模属于中小型的各种所有制和各种形式的企业"；根据《中小企业标准暂行规定》，我国中小企业是从"企业职工人数、销售额、资产总额三个方面，进行量化的界定"。如表 1-1 所示。

表 1 - 1　我国中小型企业划分标准

行　业	子行业	职工人数(人)	销售额(万元)	资产总额(万元)	备　注
工业		< 2000	< 30000	< 40000	中型企业须同时满足括号内三项指标下限,其余为小型企业
(中型企业标准)		(300 ~ 2000)	(3000 ~ 30000)	(4000 ~ 40000)	
建筑业		< 3000	< 30000	< 40000	
(中型企业标准)		(600 ~ 3000)	(3000 ~ 30000)	(4000 ~ 40000)	
批发和零售业	批发业	< 200	< 30000		中型企业须同时满足括号内两项指标下限,其余为小型企业
	(中型企业标准)	(100 ~ 200)	(3000 ~ 30000)		
	零售业	< 500	< 15000		
	(中型企业标准)	(100 ~ 500)	(1000 ~ 15000)		
交通运输和邮政业	交通运输业	< 3000	< 30000		
	(中型企业标准)	(500 ~ 3000)	(3000 ~ 30000)		
	邮政业	< 1000	< 30000		
	(中型企业标准)	(400 ~ 1000)	(3000 ~ 30000)		
住宿和餐饮业		< 800	< 15000		
(中型企业标准)		(400 ~ 800)	(3000 ~ 15000)		

注:工业包括采矿业,制造业,电力、燃气及水的生产和供应业。本标准以外其他行业的中小企业标准另行制定(目前尚未制定)。

资料来源:《中小企业标准暂行规定》(国家经济贸易委员会、国家发展计划委员会、财政部、国家统计局 2003 年 2 月 19 日国经贸中小企〔2003〕143 号文件)。

中国中小企业的发展大致经历了三个阶段。

第一阶段:20 世纪 80 年代,完全边缘化的中小企业。20 世纪 80 年代以前,由于受计划经济的影响,公有经济和集体经济为绝对主体,中小企业主要为小型集体企业。少数个体、民营和私人家族中的小企业处于萌芽阶段。作为边缘性经济主体,大部分中小企业为服务型和简约粗放型的劳动力密集型企业。

第二阶段:20 世纪 90 年代中期,全面、蓬勃发展中的中小企业。随着市场经济的发展,生产要素的市场化程度提高,市场准入壁垒降低,市场竞争加剧,大部分国有或集体中小企业由于诸多原因逐渐"淡出"市场,而民营、私营家族中小企业则成了我国中小企业的主体。

第三阶段:20世纪90年代后期至今,市场、社会地位日益提高的中小企业。随着改革开放的进一步深入,中小企业在国民经济中的地位越来越高(尹柳营,2005)。

自2001年以来,中小企业总量持续增长,规模逐步扩大。从区域分布上,中小企业从东部到西部呈依次递减的阶梯状,多分布在东部地区。虽然三大区域的中小企业比例都非常高,但企业数量差异却比较大,东部、中部和西部区域的环比比例约为5.6∶1.5∶1。从中小企业占全国的比重看,东部区域占全部企业数量的比例高达70%,而中部和西部分别只占全部企业数量的18.8%和12.2%(张俊喜等,2005)。从行业分布上,制造业最多,其次为电力、燃气及水的生产与供应业。

二 社会网络

社会网络(Social Network)是社会结构的重要概念。本书中的社会网络主要是指正式社会网络和非正式社会网络,对中小企业社会网络的结构分析不但包括传统的社会网络分析,也将复杂网络研究的方法引入其中,探讨其复杂性特征,主要包括无标度特征、社群结构和小世界现象。

社会网络既是一种研究方法,同时其本身也是研究对象。本书所指的社会网络是社会行动者及其他们之间的社会关系(杨红梅等,2003;Frey et al.,1995)。社会网络的研究主要是沿着两个方向进行的,即整体网络(Whole Network)和个体中心网络(Ego-centric Network/Personal Network)。由于整体网络可以很好地揭示社会网络的结构,所以在研究中小企业社会网络结构时,本书主要采用整体网络分析方法。

中小企业员工社会关系网络的节点就是企业员工,而节点之间的连线代表员工之间的不同互动关系。依据这些互动关系,本书讨论的中小企业员工社会关系网络主要包括正式网络和非正式网络。由于在中小企业中,员工的正式互动主要是工作联系,因此本书将工作互动视为制度性的正式关系,工作以外的关系均为非制度性的非正式关系。具体来说,正式网络即工作关系网络，是指在工作中有联系的企业员工形成的网络，是中小企业中的制度性的网络；非正式社会网络则是指在工作过程中形成的员工与员工之间的非正式的社会关系网络，如社会交往网络、工作替代网络、上司意愿网络、发展促进网络、离职讨论网络。

社会网络分析通常被认为是连接微观和宏观社会理论的桥梁（Granovetter，1973），即通过小规模的微观互动来阐释宏观社会含义。但是在社会网络分析中，网络结构又可以从微观、中观和宏观三个层次来进行研究（Duch and Arenas，2005）。微观结构主要是从网络成员个体（或节点度）的角度来度量网络结构，如中心性、结构洞和度分布；中观结构是网络中部分成员形成的网络局部性结构，即小团体（子网络）；宏观结构则是网络中所有成员形成的整体性结构，如嵌入性、核心边缘结构和小世界特征。为了全面反映中小企业员工社会网络的结构特征，本书从上述三个层次分别进行研究，并整合三个层次研究中小企业员工的个人绩效影响因素。

社会网络是复杂网络研究的重要组成部分，复杂网络目前研究重点集中在网络特征的描述，而无标度特征、社群结构和小世界现象是目前最受关注的复杂网络特征。

无标度特征主要通过考察网络节点度是否满足幂律分布来揭示网络成员对网络资源占有的"富者越富"现象；社群结构则剖析网络内因某些成员之间关系稠密而形成的"社群"，通过对不同社群节点之间的关系稀疏的结构特征分析来反映社会成员互动形成的"小集团"现象；而小世界现象则通过对比相应随机网络的平均路径长度和平均聚类系数来揭示网络中信息高效传递的机制以及网络存在丰富局部联系的结构特征。

三 个人绩效

目前学术界关于绩效的概念从不同的角度出发，主要有两类观点：其一，输出观点，即个人绩效是一种输出绩效；其二，输入观点，即个人绩效是一种输入的绩效。

1. 输出观点的个人绩效

输出绩效主要是从任务（目标）管理的思想出发，主要用产出、指标、任务、目标等名词来形容绩效。通常人们将绩效看作产出或者结果，这与人们日常感受相符合，易于人们理解和接受。与此同时，用产出的结果来衡量绩效时，具有客观性、操作性强、容易明确具体指标等特点（Richard and Peter，2004）。个体绩效是一种员工在组织环境下的个体输出，即"个体绩效 = 个体输出绩效"。Kane 和 Bernardin 将个人绩效与员工的工作职能紧密相连，即个体输出绩效就是个人保质保量地按时完成所分配的具体工作任务，并形成最终的产出或者结果（Bernardin et al.，1995）。

2. 输入观点的个人绩效

输入绩效主要是从任务绩效（Task Performance）和周边绩效（Contextual Performace，还可以称为关系绩效或环境绩效）的角度提出（Borman and Molowidlo，1993）。任务绩效通过企业员工对生产和服务的技术贡献来完成，主要受到经验、能力、知识等因素影响，这就是在工作中必须作为的输入绩效。周边绩效则是构成个人的社会、心理背景的行为，例如个人自愿承担额外工作，热心帮助同事，等等。周边绩效能够有效地增强组织内部的沟通，降低组织中的紧张情绪，利于工作绩效的提升，进而推动企业绩效的增长（Borman and Molowidlo，1993）。企业员工自愿进行工作的绩效高则能够直接影响到管理者对其工作绩效的评定。与此同时，企业员工能够主动对同事提供帮助，且对组织具有较高的责任感能够有效促进其个人绩效的提升（George and Brief，1992）。从中可以看出，周边绩效是在任务绩效的基础上扩大了输入的个人绩效。

无论是从输入观点还是从输出观点上看，个人绩效主要包含了结果绩效、行为绩效、能力绩效三个方面，即输出观点主张绩效为结果，而输入观点则是绩效为行为或者绩效为能力。然而单纯将绩效界定为结果、行为、能力都是有失偏颇的。因为从实际情况上看，对不同发展阶段、不同类型的企业来说，对三种个人绩效的侧重点是不同的，与此同时，对不同等级、不同性质的工作岗位来说，对三种个人绩效的要求也是不同的。因此，企业对个人绩效的定义是随着所在行业、职位、发展阶段的不同而有所不同的。

本文对员工个人绩效的测量主要采取结果绩效的观点，其中主要采纳了 Campbell 等人关于绩效的观点（Campbell，1985），其核心是从员工发展的角度出发，将上级评价绩效与个人主观评价绩效相结合。Campbell 等人认为，从单纯评价的角度来看，虽然众多组织都认为上级评价的绩效更加客观真实，但从逻辑上讲，个人主观评价的绩效更能反映其真实绩效。Campbell与 Lee 进一步指出（Campbell and Lee，1988），在绩效考评的整个过程中，由于员工个人与上级均存在信息局限（Informational Constraints）、认知局限（Cognitive Constraints）、情感局限（Affective Constraints），可以说上级评价与员工个人评价在反映真实绩效上，均不够充分。从员工发展角度来看，配合工作分析、描述等人力资源基础管理手段的应用，员工自我评价可以作为一个很好的员工开发工具，用来提高员工未来绩效。所以，为了全面起见，本书不拟采用单一的评价方法来获取员工绩效数据，而是依据相关文献将员工个人绩效划分为主观绩效和客观绩效。

在我国当前经济环境中，各中小企业的绩效考评体系本身存在较大差异，但基本上都将员工薪酬与上级给出绩效评价进行了某种程度的关联。因此，本书用员工月平均收入（包括工资和奖金）作为员工绩效的客观测量，代表企业、制度、上级等对员工客观绩效的判断。同时，由于工作满意度是员工本人对其工作的整体态度和评价，且工作满意度与工作绩效之间有着较强的实证关系（李晓轩等，2005），可以代表员工本人对其绩效的判断。因此，本书基于 Spector 工作满意度量表（Spector，1985），从对工作本身的满意度、对上级满意度、对晋升的满意度、对利益的满意度以及对人际交往的满意度五个维度，对员工绩效进行主观测量。

第三节　研究目标

本书以中小企业为样本，对中小企业员工互动关系形成的社会网络结构进行系统研究，揭示了中小企业员工社会网络的现状及其对员工个人绩效的影响。本书以社会网络为视角，从企业员工之间的正式关系和非正式关系入手，揭示了企业中正式组织与非正式组织关系对个人绩效的促进作用。具体的研究目标主要包括以下内容。

第一，分析中小企业员工个体社会网络结构。通过中心性分析揭示中小企业员工社会网络中的"权力"结构；通过结构洞分析，揭示中小企业员工对网络资源的控制能力及其差异；通过度分布和连接倾向性的复杂网络度特征分析，揭示中小企业员工对社会资源占有的不平等程度以及"富人俱乐部"现象。

第二,分析中小企业员工社会网络的小团体结构。基于传统社会网络分析方法,从三方关系和凝聚子群结构入手,深入揭示中小企业员工社会网络中的小团体现象;基于复杂网络分析方法,探索小团体的优化结构,并分析不同小团体之间的重叠情况。

第三,分析中小企业员工整体社会网络结构。具体来说,就是从传统社会网络角度,探讨不同类型中小企业员工社会网络的嵌入性及整体结构特征,揭示中小企业社会网络核心—边缘结构;从复杂网络角度,探讨中小企业员工社会网络的小世界特性,揭示中小企业员工社会网络信息传递特征以及结构鲁棒性。

第四,分析中小企业员工社会网络中个体、小团体和整体层次结构对个人绩效的影响。具体而言,本书分别考察正式关系网络和非正式关系网络对个人主观绩效和客观绩效的影响,同时,也考察员工个人属性,包括年龄、受教育程度等的作用。

第四节　研究框架与内容

本书通过对比研究不同公司员工的正式网络和非正式网络的网络结构,揭示了中小企业员工社会网络的现状及后果。

本书的研究框架如图 1-1 所示。

我们在上述研究框架下组织本书内容,形成如下的研究思路。

第一,明确研究背景和研究对象,评述相关理论和方法。本书基于整体网络视角,选取正式关系网络即工作关系网络,和非正式关系网络即社会交往网络、发展促进网络、工作替代网络、离职讨论网络等的社会支持网络和社会讨论网络为研究对象,强调社会网络结构对于中小企业的意义及对企业个人绩效的影响。本书评述了社会网络理论、绩效理论及社会网络和复杂网络的相关理论和方法,总结并研究中小企业员工社会网络与企业绩效的相关成果,指出现有研究的不足,明确本文的研究空间。

第二,在研究内容上,本书从整体上可分成结构现状和结构后果两大部分。我们把结构分为个体、小团体和整体三个层次,分别进行研究。个体层次结构包括中心性、结构洞、度分布以及连接倾向性,小团体结构包括三方

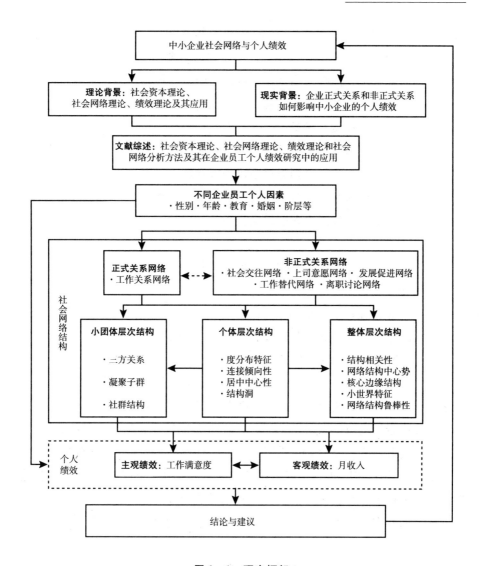

图 1－1　研究框架

关系、凝聚子群以及社群结构，整体结构则包括嵌入性、整体网络指标、核心边缘结构、小世界现象和结构鲁棒性。在结构现状的基础上，我们分析其对中小企业员工个人绩效的影响。

　　第三，在网络结构的现状研究方面，本书沿着"个体—小团体—整体"顺序展开，因为无论小团体结构还是整体结构，都可以视为部分或全部网络节点"涌现"而成，因此，这种顺序更符合网络结构层次形成次序。个体层次结构主要是研究中小企业中的不同个体在组织中资源占有不平等及"富者越富"现象；小团体结构现象及其特点主要从三方关系、凝聚子群、社群结构来揭示；整体结构则是综合网络中所有个体的信息，探讨不同性质网络之间的嵌入性、核心边缘结构特点以及信息在网络中传播的"短路径、高聚类"的特点与结构稳定性。

第四，在网络结构后果方面，本书主要研究中小企业员工社会网络结构对个人绩效的影响。我们分别通过主观和客观两个方面来刻画个人绩效，研究企业正式关系网络和非正式关系网络不同层次结构因素在个人绩效中的作用，为促进中小企业提高个人绩效提供理论基础。

第五节 数据与方法

本书所用数据来自2009年6月西安交通大学公共管理与复杂性科学研究中心组织进行的"西安市中小企业组织结构与团队绩效"课题抽样调查。本次调查的实施地点为陕西省西安市高新技术产业开发区（以下简称"西安高新区"），西安高新区是一个代表西安与西部高新科技产业前沿的领地，以其众多的"第一"成为陕西和西安最强劲的经济增长极和对外开放的窗口。

西安高新区内有各类企业4000余家，其中中小企业占据了绝大多数，本次调查选取西安高新区内4家中小企业为研究对象，采取整群抽样的形式，对YZ、BD、SL和YB4家公司共455名员工进行问卷调查，回收问卷350份，其中有效问卷336份。问卷回收率达76.9%，有效问卷回收率为73.8%，问卷有效率达95%。问卷发放和回收情况如表1-2所示。

表1-2 抽样调查基本情况

公司名称	抽样总数（人）	回收问卷（份）	有效问卷（份）	问卷回收比例（%）	有效问卷回收比例（%）
YZ公司	147	125	119	85.0	81.0
BD公司	72	64	63	88.9	87.5
SL公司	113	58	52	51.3	46.1
YB公司	123	103	102	83.7	82.9
合 计	455	350	336	76.9	73.8

资料来源：《2009年西安市组织结构与团队绩效调查》。

本书依据系统工程的思想和原理构建了组织结构与员工绩效的分析框架，结合管理学和社会学方法，综合运用社会网络分析（包括传统社会网络和复杂社会网络分析）和统计学分析等技术进行分析。

利用传统社会网络分析方法，本书分析了 4 个中小企业的正式关系网络，即工作关系网络和非正式关系网络，包括社会交往网络、上司意愿网络、发展促进网络、工作替代网络、离职讨论网络等；本书利用传统的社会网络分析方法，分析了上述网络的微观、中观和宏观结构特征；本书还利用复杂社会网络分析方法，完成了上述两类网络的复杂整体网络特征分析，包括三个方面：一是微观层次的无标度特征与连接倾向性分析；二是改进了基于复杂网络分析的社群结构探测算法并分析了中小企业员工社会网络的社群结构；三是分析了中小企业员工社会网络的小世界特征。具体分析方法包括社会网络分析方法如结构洞分析、凝聚子群分析和核心—边缘结构分析等，复杂网络分析方法有小世界特征分析、社群结构分析、无标度特征分析及仿真分析，统计分析方法有列联表分析。分析软件有 SPSS 软件、SAS 软件、MATLAB 软件、UCINET 软件和 Pajek 软件等。如表 1 - 3 所示。

表 1 - 3　分析方法及所采用软件

分析内容	分析方法	采用软件
中心性（势）、结构洞	社会网络分析	UCINET 软件
密度、嵌入性	社会网络分析	UCINET 软件
派系结构、核心—边缘结构	社会网络分析、列联表分析	UCINET 软件、SAS 软件
三方关系	社会网络分析	Pajek 软件
无标度特征、连接倾向性	复杂网络分析	MATLAB 软件、SPSS 软件
社群结构、小世界特征	复杂网络分析	MATLAB 软件

除了上述网络特征分析之外，在分析网络对绩效的影响时，本书将采用OLS 回归模型，将个人主观绩效和客观绩效分别作为因变量，以网络变量作为主自变量，并控制住个体的特征属性，寻求个人绩效的影响因素。

总之，通过网络结构指标及其影响进行研究，把传统的社会网络和复杂网络分析方法相结合，有利于全面揭示中小企业的社会网络结构，认识网络对个人绩效以及团队绩效的正面影响，对于全面加强中小企业的团队建设及促进个人和团队绩效都具有重要的借鉴意义。

第六节　章节安排

本书的研究内容共分八章，其中第三、第四、第五和第六章构成本书的核心内容。

第一章为绪论。介绍本书的研究背景，包括现实背景和学术背景，提出本书研究的问题并界定相关概念，明确研究目标和研究意义，确定研究思路和研究框架，介绍本书的分析方法以及基本研究内容。

第二章为国内外研究评述，对与本书相关的国内外主要研究成果进行评述。主要阐述社会资本理论、社会网络理论和绩效理论，国内外关于整体网络分析以及复杂网络的研究现状。其中重点关注有关企业社会网络与绩效的相关研究成果，在总结相关研究的基础上，指出本书研究空间。

第三章为数据采集，对本书所用"西安市中小企业组织结构与团队绩效"课题的调查设计、实施和结果进行介绍。在对调查地进行概述的基础上，本书详细地对抽样调查目标、样本选取、问卷设计和修改过程以及抽样调查过程、质量控制和样本基本信息等内容进行了介绍。

第四章为中小企业员工个体社会网络结构，主要从个体角度研究了中小企业整体社会网络的微观结构。本书从中心性和结构洞两个方面分析了中小企业员工社会网络的结构特征，从度分布特征和连接倾向性两个方面研究了中小企业员工社会网络的复杂网络特征。在此基础上，本书比较了不同类型、不同性质网络间的结构差异。

第五章为中小企业员工社会网络的小团体结构，主要分析中小企业中的小团体现象。首先，本书运用社会网络分析方法，分析了中小企业员工社会网络的三方关系和凝聚子群结构；其次，本书从复杂网络角度探讨了社群结构，并在此基础上，分析了中小企业中小团体现象的有利及不利影响。

第六章为中小企业员工整体社会网络结构，从社会网络和复杂网络两个方面分析了中小企业正式关系网络与非正式关系网络的宏观结构特征。社会网络分析包括嵌入性、整体网络指标以及核心—边缘结构分析；复杂网络分析则是通过与相关随机网络对比，揭示中小企业员工社会网络中的小世界现象以及结构鲁棒性。

第七章为中小企业员工社会网络对个人绩效的影响，综合分析中小企业员工社会网络个体、小团体和整体层次结构特征对个人绩效的影响。首先，本书考察了企业员工个人绩效的现状；其次，分析了正式关系网络与非正式关系网络不同层次的网络结构对个人主观绩效和客观绩效的影响，同时，考虑个人特征和公司特征变量的影响。

第八章为结论与展望。对本书的研究结果进行总结，得出最终结论，最后指出本书的研究局限与进一步的研究方向。

第二章　国内外研究评述

本章首先系统评述了与本书相关的理论，包括社会资本理论、社会网络理论和绩效理论；其次回顾了社会网络分析方法，包括微观结构、中观结构和宏观结构的指标、模型与方法；再次评述了社会网络对企业绩效影响的相关研究；最后是本章小结。

第一节　相关理论

一　社会资本理论

20 世纪 80 年代，布迪厄、科尔曼和林南等社会学者各自独立地对社会资本进行的研究引起了学术界的关注。依据布迪厄的定义，社会资本（Social Capital）是指"实际或潜在资源的集合，这些资源与由相互默认或承认的关系所组成的持久网络有关，而且这些关系或多或少是制度化的"（宇红、王欢，2004）。社会资本主要是由个体借以获取与之相关群体的资源的社会关系以及群体内个体可获得的资源的数量和质量构成。科尔曼对社会资本进行了系统研究，从社会团体、社会网络与网络摄取三个方面进行定义，提出社会资源是人力资本创造、传递和获得的一种积极的社会条件，决定了人们可否去实现某些既定的目标（Coleman，1988）。通过对前人的总结，林南（1982）提出个人通过社会联系获得的资源是社会资源，并将社会资本视为在目的性行动中获取/或动员的、嵌入在社会结构中的资源。由于社会联系具有多样性，因而每个人将会有不同的社会资源。总而言之，社会资本具有无形性，以社会规范、社会关系、社会凝聚力、社会倾向性以及社会价值观等形式内嵌于社会网络中，不但会对个人的心理、行为、地位产生影响，甚至还会影响到个人的行动。与此同时，社会资本能影响某个社会群体在社会交往中相互作用的数量、质量，进而对社会、经济发展产生重大影响。

在社会资本测量的研究中，布迪厄认为，个人拥有的社会资本是由个人可以有效加以运用的社会联系网络规模的大小以及在联系网络中每个人依靠自己的权力能够占有资本数量的多少决定的（Bourdieu，1986）。林南（2005）认为，社会资本可以从宏观、中观和微观三个层次测量。宏观主要是指个人在一个关系网络中所处的结构位置，即在等级制度中的层级越高，则有价值资源的聚集越多，位置的数量越少，权威的控制越大，占据者的数量越少。中观主要指个人所处网络位置，即个人靠近网络中的桥梁、关系强弱的情况，个人越靠近网络中的桥梁，他们在工具性行动中获取的社会资本就越多；关系越强，获取的社会资本越有利于行动达成，关系越弱，自我在工具网络中越可能获取更好的社会资本。微观主要指社会资本受到网络性质的影响，即网络的行动目的，包括工具性网络、情感性网络。

社会资本是嵌入在社会网络中的社会资源，本书从不同性质的网络出发，研究不同层次的社会网络结构，本书也研究企业员工不同层次的社会资本，因此，社会资本是本书的理论基础。

二　社会网络理论

"网络"的概念于1922年出现在德国社会学家齐美尔（G. Simmel）的《群体联系的网络》一书中。社会网络是社会行动者及其相互间关系的集合。而"社会网络"的概念则一般被认为产生于英国人类学，由拉德克利夫·布朗首次在1940年提出（肖鸿，1999）。然而直至1954年，巴恩斯的挪威渔村阶级体系的分析第一次将社会网络的隐喻变成系统的研究，也就拉开了社会网络研究的序幕（Mitchell，1969）。但把社会网络研究真正推上舞台的则是莫雷诺（1934）开创的小群体社会计量学的研究（刘军，2004）。从此以后，在社会学、人类学、数学、统计学等研究领域的学者纷纷开始构建"社会结构"的概念，使得"社会网络"一词逐渐被学术界所认可。社会网络是指"一群特定的个人之间的一组独特的联系"，即人与人之间互动而形成的相对稳定的所有正式、非正式的社会联系，它不仅包括人与人之间的直接联系，还包括通过物质环境或文化共享等结成的非直接的社会联系（Carrington，1988）。

20世纪70年代中期，社会网络研究成为一个新兴的社会学领域，包括学术研究如人类学、市场营销学、政治学、社区研究、医学、社会心理学等学科，还包括社会现象研究如阶级阶层、社会流动、城市社会学、政治社会学、精神卫生学和老年学等学科。然而，经过了几十年的研究，社会网络研究产生了许多理论，包括网络结构观、市场网络观、弱关系力量假设、嵌入性概念、结构洞理论以及强关系力量假设等（李晓轩等，2005）。

网络结构观是把人与人、组织与组织之间的纽带关系看成一种客观存在的社会结构，从而分析社会结构对人或组织的影响。怀特（1981）提出市场是从社会网络发展而来的，且市场定价和市场规则的确立都是在人们相互传递信息中实现的，而市场秩序则是生产经营者网络内部相互交往产生的暗示、信任和规则的反映。格兰诺维特（1985）指出，经济行为嵌入社会结构，社会结构的核心就是人们生活中的社会网络，嵌入的网络机制是信任。嵌入性暗含着经济交换往往发生在相识者之间，而不是发生在完全陌生的人之间。

1973年，格兰诺维特首次提出了关系力量的概念，将关系分为强和弱，且认为它们在人与人、组织与组织、个体和社会系统之间发挥着不一样的作用。他从四个维度来测量关系的强弱：互动频率的高低、感情力量的深浅、亲密程度的密疏以及互惠交换的多少。在此基础上，他提出了"弱关系充当信息桥的"判断。边燕杰在研究中国的工作分配时也提出了强关系力量假设，认为个人网络主要用于获得分配决策人的信息，而不是用来收集就业信息。对大多数人来说，他们必须通过中间人才能与主管分配的决策人建立起关系，而中间人与求职者和最终帮助者双方必然都是强关系，强关系充当了没有联系的人之间的网络桥梁（Bian，1997、1999）。

罗纳德·博特在1992年提出了"结构洞"理论。这一理论认为，当一网络中的任何主体都与其他主体发生联系，不存在关系间断现象时，从整个网络来看，此结构为无洞结构；而当某个个体或某些个体与有些个体发生直接联系，却与其他个体没有发生直接联系，此种结构则为"有洞"结构，故名"结构洞"。"结构洞"理论的提出对市场经济中的竞争行为进行了新的社会学解释。"结构洞"理论说明，任何组织或个人，要想在竞争中获得、保持和发展优势，就必须与相互关联的个人或团体建立广泛的联系，以获得信息和控制优势（Burt，1992）。

社会网络理论被学术界广泛接受和应用，不仅仅是因为其便于实证分析，还因为社会网络理论为社会学研究架起了两座桥梁（罗家德，2005）。首先，社会网络理论在个体理性选择与社会制约之间建立了一座桥梁。社会网络理论是以个人及其关系为分析基础，强调个体的能动性，同时关注社会网络所形成的社会结构以及社会制度对个体的制约，而且个体间互动有可能改变制约个体的社会结构，所以个体的理性选择与集体的制约之间有一个相互制衡的作用，社会网络理论为这种作用提供了接口。其次，社会网络理论在微观行为和宏观现象之间建立了一座桥梁。社会是由形形色色的微观个体构成，所有个体交互的结果展现出宏观景象。在个体交互过程中，个体的行为通过关系会影响社会结构，同时，社会结构反过来也影响个体的决策和行为。社会网络可以把个体及其相互关系有机地整合在一起。

对中小企业员工而言，他们既处于工作关系网络之中，同时工作之外的非正式的社会关系结构也会影响到他们的绩效。通过网络研究来研究中小企业员工的绩效是一个有意义的尝试，因此，社会网络理论成为本书的重要理论基础。

三　绩效理论

关于绩效的概念最早可以追溯到公元3世纪我国春秋战国时期，虽然没有直接出现"绩效"的字句，但其意义相近。如管仲曾经说过："君子所审者三：一曰德不当其位，二曰功不其当禄，三曰能不当其官，此三本者，治乱之源也"（《管子·立政》）。也就是说，对于臣子绩效的考核是通过"德、功、能"这三方面内容来衡量的。自此，我国对于官吏的考核一直沿用"绩效"的概念。北美关于绩效的思想则是18世纪晚期从欧洲传来的（Peter，2002）。从生产性企业组织来看，早期人们的关注点仍是个人绩效。如19世纪末20世纪初，在"管理运动"盛行的美国，"科学管理大师"泰罗进行了多次"金属切削试验""搬运生铁试验""铁锹试验"，其目的在于通过对工人个体的"动作""工时""工具""材料""工作环境"等方面的研究，拟定出一个比较科学的工人"合理的日工作量"，即工作定额原理。显而易见，这里的"日工作量"即是工人个体的当日绩效，其时的关注点则无疑是以生产率为代表的个体工人的产出绩效。对于绩效的定义，不同的学科对于绩效的定义存在差异（Miehael and Angela，1998），然而从管理学的角度来看，绩效则是组织期望的结果，是组织为实现其目标而展现出不同层面上的输出，包括个人绩效和组织绩效（Willems，1999），且组织绩效应该与个人绩效有效地结合（Campbell et al.，1998）。绩效一般有三种理解：其一，绩效是一种结果，即绩效是组织的期望结果，是组织实现目标过程中的各种输出（Richard and Peter，2004），是员工行为过程的产出（Bernardin et al.，1995）；其二，绩效是一种行为，即员工在完成工作中的一系列行为表现的特征（Borman and Molowidlo，1993）；其三，绩效为能力，即是一种员工或团队表现出来的能力（Katz and Kahn，1978）。

随着社会、经济的高速发展，企业绩效作为衡量企业经营成果的最直接的指标，已经被企业广泛应用并且成为学者们研究的重点。绩效计划（Performance Planning）、管理绩效（Managing Performance）、绩效考核（Performance Appraisal）和奖励绩效（Rewarding Performance）等与"绩效"有关的活动已逐渐成为组织的一种"管理风尚"（Koontz and Weihrich，1998）。企业绩效主要是由组织、团队和个人三位一体的绩效构成的体系，组织绩效来源于组织内各个团队的绩效整合，而团队绩效则来源于团队内个体员工的创造合力。追本溯源，各个层次的绩效来源于员工的个人绩效。目前，学术界已经对绩效进行了多方面的研究，但是绩效的概念仍然没有统一的认识，从而使得个人绩效的定义仍然具有争议。

关于绩效的概念主要有两个观点：其一，输出观点，即个人绩效是一种输出绩效；其二，输入观点，即个人绩效是一种输入绩效。输出绩效主要是从任务（目标）管理的思想出发，主要用产出、指标、任务、目标等名词来形容绩效。通常人们将绩效看作产出或者结果，这与人们日常感受相符合，易于被人们理解和接受。与此同时，用产出的结果来衡量绩效，具有客观性、操作性强，容易明确具体指标等特点（Richard and Peter，2004）。个体绩效是一种员工在组织环境下的个体输出，即"个体绩效＝个体输出绩效"。Bernardin 和 Kane（1995）将个人绩效与员工的工作职能紧密相连，即个体输出绩效就是个人保质、保量地按时完成所分配的具体工作任务，并形成最终的产出或者结果。输入绩效主要是从任务绩效（Task Performance）和周边绩效（Contextual Performace，还可以称为关系绩效或环境绩效）的角度提出（Borman and Molowidlo，1993）。

第二节 社会网络分析

20 世纪 30 ~ 60 年代，在心理学（勒温、莫雷诺、海德等）、社会学（莫雷诺等）、人类学（布朗、纳德尔、梅奥、巴恩斯、米歇尔等）以及数学（特别是欧拉）、统计学、概率论研究领域，各种网络概念如中心性、密度、中心势以及社群结构、派系等纷至沓来。然而，在 20 世纪 60 年代网络分析刚刚开始时，学术界对于社会网络分析就存在着两个不同的领域。一是以林顿·弗里曼（Linton Freeman）为代表，采用社会计量学的传统，进行社会心理学的小群体研究；二是以哈里森·怀特（Harrison White）、格兰诺维特和林南等为代表，他们的研究属于结构主义社会学的范畴，以网络作为社会结构，来看待社会网络对个人行为的影响。到 20 世纪 70 年代中期，《社会网络》杂志成立，宣告"网络分析的国际网络"已经形成，从此网络分析就成为社会学中具有相当影响力的领域（张其仔，2001）。

社会网络分析与传统研究最大的不同在于社会网络分析是从个体之间的关系入手，分析网络成员间的互动和影响，而传统研究则主要关注个体的属性（罗家德，2005）。把个体间的"关系"作为分析单位决定了社会网络分析已成为一种新的社会科学研究方法和范式。网络分析者认为，整个社会是一个由相互交错或平行的网络构成的大系统。社会网络的结构及其对社会行为的影响模式是社会网络的研究对象，研究社会网络的目的是为了揭示深层的社会结构，即隐藏在社会系统复杂表象之下的固定网络模式（肖鸿，1999）。一般来说，社会网络结构可分为微观、中观和宏观三个层次（Duch and Arenas，2005）。

一 个体层次

权力是社会学、政治学研究的重要内容。如何解释权力的成因、结果，学者们很少能够达成一致的意见（刘军，2004）。由于权力的概念往往是抽象的，因而很难对其进行测量、界定。然而，自从社会网络学的研究兴起，用网络研究中的中心性就能够很好地表达权力的概念。

中心性是社会网络微观结构的重要特性之一，也是社会网络分析的重点之一，其反映的是个体在网络中权力的大小。怀特等提出个体之间的关系是一种客观存在的社会结构，分析这些关系对个体的影响，指出人们在其社会网络中是否处于中心地位以及其占有网络资源的数量和质量等（肖鸿，1999）。通过对中心性的测量能够反映出个体在组织内权力的大小。中心性通常用三种指标来测度：度中心性、接近中心性和居中中心性（Freeman，1979）。如果个体度中心性较大，表明该个体居于中心地位，从而拥有较大的权力；接近中心性高的个体，说明他和其他点很接近，因此不依赖于他者；居间中心性表征的是一个个体在多大程度上成为他者的桥梁或在多大程度上能控制他人。

结构洞刻画的是社会网络微观结构的另一个重要方面。Burt 提出的"结构洞"理论认为，社会网络表现为两种关系，一种是社会网络中的个体与部分个体有关系，这种无直接联系或关系间断的现象，称作"结构洞"；另一种是网络中的任何主体与其他主体都发生联系的"无洞"结构（Burt，1992）。拥有结构洞越多的竞争者，其关系优势就越大，获得较大利益回报的机会就越高。Burt 认为结构洞越多，说明非重复性的信息源越多，则越有优势（Burt，1992）。

除此之外，随着复杂网络的发展，人们发现了一类新的网络结构。已有研究表明，大部分的真实网络都不是随机网络，而是具有某种复杂性特征的网络，社会网络也不例外。1999 年，Barabási 和 Albert 发现复杂网络的连接度分布具有幂律形式（Barabási and Albert，1999a）。由于幂律分布没有明显的特征长度，该类网络又被称为无标度（Scale-Free）网络（Barabási et al.，1999b）。基本的无标度网络模型（BA model）是分两步来定义的（Barabási and Albert，1999a；Albert and Barabási，2002；Watts and Strogatz，1998）：其一，假设网络因不断有新的节点加入，使规模不断增加；其二，新加入节点以偏好连接的方式与原来的节点发生联系。在社会领域中，电影演员网络、科学家合作网络以及性关系网络中均具有这种特性（Small and Tse，2005）。从目前来看，这类复杂网络特性或结构已被用来研究 SARS 的传播（Shi and Small，2006），产业关系（李守伟、钱省三，2006），股票市场（刘继云、李红，2007）等。

与此同时，复杂网络中的无标度特征研究则基于节点度的分布特征，来揭示网络可能具有的核心节点、"富者越富"等资源占有不平等现象。除此之外，网络度分布的研究还发现，核心节点之间倾向于彼此相连，构成所谓的"富人俱乐部（Rich Club）"（Newman，2002；Michele et al.，2004）；进一步用"异配性"来度量核心节点与其相邻节点度分布之间的关系。在生物网络和技术网络中，核心节点之间直接的连接很少，它们更多的是与非核心节点连接，表现出异配连接倾向（Disassortative Mixing）。而社会网络正好相反，核心节点间有大量的连接，表现出同配连接倾向（Assortative Mixing）（Shi and Raúl，2004；Julian et al.，2007）。

企业社会网络中的个体"权力"如何？有没有结构洞？是否存在无标度特征以及是否会产生所谓的"富人俱乐部"？这些问题将在本书中进行研究。

二　小团体层次

"物以类聚，人以群分"是自然界和人类社会的普遍规律。这种规律反映在社会网络结构上就是一部分行动者之间关系紧密，而另一部分行动者之间关系相对较为稀疏。中观层次的社会网络结构就是指整体网络中部分行动者之间的关系结构。

社会网络研究的是行动者及其之间的关系。二方关系（即二方组）是社会网络统计分析的基本单位（刘军，2004）。在网络研究中，尤其是有向网络中，二方关系包括虚无对不对称和互惠对。莫雷诺等（Moreno and Jennings，1938）和布隆芬伯雷纳（Bronfenbrenner，1943；1944）就曾对二方关系中的互惠关系进行过定量研究。由于网络数据中样本之间具有相互依赖性，不能够满足传统的统计检验所要求的变量独立假设，布隆芬伯雷纳还提出了一种"稳定参考框架"，并计算出了对称性与不对称性以及孤立点发生的概率。三方组即三人关系，它是由三对二人关系结合而成。三人结构是社会结构的基础，社会关系所负载的社会网络结构可以从"三人组"中分析出来。Davis 和 Holland 等人提出了三人组可能存在的 16 种同构类型（Davis，1970；Holland and Leinharht，1970）。

然而三方组也是整体网络中的子网络。在社会网络分析中称为子群，或

凝聚子群。这种凝聚子群也就体现了真实网络中的小团体现象。凝聚子群
（Cohesive Subgroups）（一般多于三个成员）是那些具有相对较强、直接、
紧密、经常或积极关系的个体的集合。凝聚子群可包括派系（Cliques）、
n – 派系（n-cliques）、k – 丛（k-plex）、k – 核（k-core）等（Wasserman
and Faust，1994）。凝聚子群研究的目的就是找出可以"分派"的子群来。
凝聚子群从关系紧密（或稀疏）程度的角度来找出网络中相对独立的子群，
利用对等性的思想从个体之间的关系中来分析其角色。每个个体所处的网络
位置、角色的差异导致他们发挥的作用也不尽相同。在社会网络分析中，正
是通过分析个体在网络中的位置来发现其所处的角色，进而探寻行动者子群
之间的相似性（Wasserman and Faust，1994）。

Newman 等人将异构网络中，由不同性质、类型的节点组成的关系丰富
的结构称为"社群"（Community），并进一步指出社群内节点关系稠密，而
不同社群节点之间的关系稀疏的结构——社群结构是复杂网络的特征之一
（Newman，2004）。社群结构虽然类似于凝聚子群，但是其关注的重点却不
一样：凝聚子群主要关注群体的凝聚性，子群间可以重叠；社群结构则是保
证社群内的关系紧密，社群间的关系尽可能稀疏，即把一个群体尽可能地
"分开"。

子群结构（通俗地称为"小团体"）在社会网络和复杂网络领域都得到
了大量研究。这些研究主要集中在方法上的探讨，很少被应用到实际的社会
问题当中。由于受到行业、职业、地位、人口、社会等特征因素的影响，企
业员工很容易依据企业潜在的规则行事，在行为上表露出小团体的特征
（吴红宇、谢国强，2006；李树苗等，2006）。已有研究的不足和预期的企业
员工内部的小团体特征为本文从社会网络和复杂网络角度研究企业员工的
社会网络与个人绩效提供了研究空间。

三 整体层次

一个群体中包括所有行动者的网络指标反映了网络的宏观结构，即整体
结构。这样的网络指标主要有密度、出度中心势、入度中心势和居中中心势
等。密度（Density）是网络分析中最常用的一种测度，可测量网络中边的
分布与全连接网络的差距有多大（刘军，2004）。度中心势（Centralization）
不同于中心性（Centrality），中心性是从个体的角度刻画单个行动者的"权

力"，而中心势则揭示网络图的整体中心性。实际上，中心势测度的是所有行动者中心性的差异。出度中心势、入度中心势和居中中心势分别测度了网络中所有行动者在扩张关系的能力、声望以及作为其他任何两个行动者之间桥梁或控制资源的能力的差异（李树苗等，2006）。

鉴于世界中国家两极分化严重，劳尔·普雷维什提出了"核心—边缘"（或"中心—外围"）理论。他认为，资本主义世界分为两个部分：一部分是西方发达国家，另一部分是发展中国家（董国辉，2003）。也有学者认为整体世界是由三个位置组成：核心位置（西方世界）、半边缘地区和边缘世界（第三世界）（Snyder and Kick，1979）。不论分两层还是三层，核心—边缘结构是存在的。核心—边缘结构说明整个世界或一个群体是一个完整的体系，核心成员与边缘成员存在较大的差异，因此，在关系层面上，核心成员与边缘成员是不平等的。

传统研究认为，随机网络是描述真实系统最适宜的网络（Bollobás，1985）。然而，最近的网络研究发现，大量的真实网络既不是规则网络，也不是随机网络，而是具有独特特征的复杂网络，这种复杂网络在 20 世纪末成为新的研究热点。其中，小世界效应是目前最受关注的复杂网络特征之一（Barabàsi et al.，1999b；Dorogovtsev and Mendes，2002）。1998 年，Watts 和 Strogatz 在文章中引入小世界（Small-World）网络模型，来描述从完全规则网络到完全随机网络的转变。小世界网络既具有与规则网络类似的聚类特性，又具有与随机网络类似的较小的平均路径长度（Watts and Strogatz，1998；Dorogovtsev and Mendes，2002）。

小世界这类复杂网络已经在社会系统中开始了初步的应用。研究发现，计算机网络、学者合作网络等真实网络都体现出小世界特性（Albert and Barabási，2002）。例如，Watts 等人基于小世界现象，提出了一个用于解释社会网络搜索能力的复杂网络（Watts and Strogatz，1998；Watts et al.，2002）；Dodds 等人针对 6 万名 E-mail 用户进行全局搜索的社会试验表明，成功的社会搜索主要由弱连接而非强连接决定（Dodds et al.，2003）；Davidsen 等人利用小世界原理建立了一个熟人网络模型（Davidsen et al.，2002）；Ebel 等人也针对熟人网络等建立了一个复杂网络动态模型（Ebel et al.，2003）。虽然国内已经有将复杂网络用于疾病传染、计算机网络安全的成果报道（罗家德，2005），但是数量相对较少。总体而言，有关社会复杂网络的研究还未受到广泛关注。

员工在轮岗、晋升、离职等方面流动的过程也是一个不断重新构建社会关系网络的过程。然而，尽管员工不是正式组织中的上层，但是由于个体的禀赋以及社会人口特征的差异，他们在群体中的"声望"和"权力"也会有所不同。我们有理由预期，企业员工社会关系网络也会存在核心—边缘结构，一部分个体处于核心地位，对网络资源具有支配作用；而另一些个体则处于边缘，处于被支配地位。这种构建的社会关系网络既不可能是规则网络，也不可能是随机网络。总之，社会网络宏观指标、模型以及复杂网络分析方法为本书分析企业员工社会网络结构与个人绩效提供了方法和启示。

第三节　社会网络对企业绩效影响的相关研究

近年来，随着社会网络研究的高速发展，研究者在关注组织构成、设计、领导与决策等要素的同时，也开始重视对组织内部网络结构与企业绩效的相关性研究。已有研究发现，企业中的人际关系与互动形式是影响企业绩效的重要变量，不同的企业社会网络结构特性会影响企业的过程与结果绩效（Timothy et al.，1997；Gloor et al.，2008）。在一个组织中，同事中的关系会对个人绩效产生重要影响。对组织采取社会网络分析方法进行研究，具有巨大的潜在应用价值（Kilduff and Tsai，2007）。社会网络分析方法的覆盖面极广，从研究层次来说，能够从微观到宏观；从研究对象来说，可以从现状到理论、概念。因而，借助网络分析方法来研究绩效，能够从不同的分析层次的关系结构与行为过程来进行研究（Kilduff and Tsai，2007）。

我国当前中小企业的绩效管理主要围绕组织、团队和个人三个层次展开，采用的绩效评价方法也主要是依据平衡计分卡和关键绩效指标（KPI）等理论，设定一些主观和客观的评价指标，通过对员工、团队和组织进行单向或者360度全方位的考评来获取绩效评价的结果。相关的研究主要从两方面展开，一方面偏重于对绩效评价的过程和结果进行讨论分析，另一方面则考虑从其他视角和维度去研究影响绩效结果的相关内外部因素。在这个过程中，社会网络的视角逐渐开始被引入到企业绩效的研究当中，如席酉民和姚晓涛等人从社会网络理论的视角去探讨中小企业资源获取和成长从而影响其组织绩效的管理问题（姚小涛、席酉民，2003；姚小涛等，2004）；罗志恒等人通过对 227 家中小企业进行调研，研究企业网络、资源获取和绩效之间的关系，发现网络联系影响企业的资源获取，而资源获取对企业绩效产生显著的影响（罗志恒等，2009）；李正欢则从社会资本视角分析了某企业中员工的社会网络结构及其与团队主观绩效之间的影响关系（李正欢，2008）。

总体上看，由于社会网络数据收集的困难性和相关分析方法的复杂性，目前国内针对中小企业内部由于正式和非正式互动关系而形成的组织结构的相关研究较少，进而从社会网络视角对中小企业内部社会网络与绩效之间的关系进行研究的文献就更少，因此在下文的综述中，我们主要针对国外相关研究进行探讨。而目前国外相关文献研究的重点集中在社会网络的微观层次、宏观层次，企业绩效中的中观层次及团队/部门层次的研究，对个人绩效、组织绩效的研究也不多见。

一　网络结构与组织绩效

关于组织层次的研究，可以在以知识为基础的行业中进行，那些不与其他企业建立起必要联结的企业，其持续参与促使企业成长的学习和创新过程的能力大为减弱（Powell et al.，1996）。然而企业联结过密也势必会带来问题，亚当·斯密曾坚决反对"同行业的人"参与"针对公众的密谋活动，或以某种认为方式抬高价格"（亚当·斯密，1776）。

第一，组织绩效与企业领导者的中心性密切相关，中心性越高，组织绩效越高。企业核心领导人的中心性与组织绩效有着密切的联系。Noah E. F. 和 Michael R. S.（1994）研究了校长中心性和教师网络结构对于整个学校绩效的影响；Louise 等人（2008）对肯尼亚的家族企业进行研究，考查创始者的中心性对公司绩效的影响。Michael 和 Poonam（2008）认为 CEO 的咨询网络影响了公司绩效；企业创始者的中心性与组织绩效正相关（Louise et al.，2008）。

第二，社会网络密度和组织绩效密切相关。即当社会网络密度较低时，表明组织内部的互动较低，其主观团队绩效也较低；当社会网络密度较高时，表明组织内部的人际网络互动较高，其主观团队绩效也相对较高（Ibarra and Andrews，1993）。

第三，群体中心性与团队主观绩效的关系。瓦斯曼等人曾指出，群体中心性主要是测量权力的集中度，一个群体若是过于集权，过于依赖少数的几个人，实际产生的知识效能自然是有限的（Wasserman and Faust，1994）。同时，依贝拉等人也指出，一个群体过于分权，使得互动分散而集中，也不利于群体的知识绩效（Ibarra and Andrews，1993）。因此，过高或过低的群体中心性都不利于组织绩效的提升。

二 网络结构与部门/团队绩效

关于团队层次的研究主要有以下观点。由于企业是由在不同情景中运营的多个机构（团队或者部门）所构成的组织，也可以被视为一个具有复杂特性的网络，而这种由各种机构（团队或者部门）构建网络的成败，取决于这一网络是如何在互相作用的机构（团队或者部门）之间共享技能、知识及资源的（Nohria and Ghoshal，1997）。与此同时，对于各个机构（团队或者部门）来说，组织内部的联系以及与资源供应者外部的联系（Tsai，2001），就很可能成为决定他们能够生存的关键所在。与此同时，关于组织内部的机构（团队或者部门）之间的联系的建立以及这种联系对于各个不同机构（团队或者部门）绩效的影响，已经取得了一定的研究成果。就不同的机构（团队或者部门）来说，在企业内部越接近资源交换网络中心位置，则越能够迅速与新建的机构建立起资源交换关系（Tsai，2002），从而往往能够产生更多的创新（Tsai and Ghoshal，1998）。而且，企业内部不同的机构（团队或者部门）之间建立起的社会联系也促进了各个机构之间的知识共享程度（Tsai，2002）。企业中机构之间的弱联结能够促进简单的知识转移，强联结还会促进复杂知识的转移（Hansen et al.，1965）。除此之外，每个机构的领导者与企业领导者之间的网络联结，将会对机构（团队或者部门）绩效有着促进作用（Mehra et al.，2002）。

1. 中心性对于团队绩效的影响

Baker（1992）认为，网络的中心者是网络整体的关键，处在网络的中心性位置的领导者如果不能够传达重要的信息，整个团队的绩效就会受到很大的影响。绝大多数的社会网络结构与绩效的研究表明，中心性与团队绩效有着正相关（Tsai，2001）。然而在中心性研究中，主要以领导者的中心性为研究对象。

（1）团队成员的中心性对团队绩效的影响。在组织中的朋友网络中，团队成员的中心性与团队绩效呈正相关；沟通网络中，团队成员的中心性与团队绩效呈正相关；在敌对的网络中，团队成员的中心性与团队绩效呈负相关；在不同的团队中，成员的朋友关系将有利于对主观和客观团队绩效表示满意。Baldwin 和 Bedell（1997）认为，团队成员之间的居间中心性与绩效在朋友网络、沟通网络中呈正相关，而在咨询网络中呈明显的负相关（Timothy et al.，1997）。

（2）领导的中心性对团队绩效的影响。领导（中心性）与团队绩效呈正相关（Ferriani et al.，2009）。在领导团队的朋友网络中，一个团队领导的中心性越高，则领导的团队客观绩效越好；团队领导在上级领导者的朋友网络中，中心性越高，则客观团队绩效越好；团队中的朋友网络中，密度越高，则团队客观绩效越好；团队领导在团队中朋友网络中的中心性越高，则团队客观绩效越好（Mehra et al.，2006）。从以上可以看出，在领导社会网络位置对团队客观绩效的作用研究中（Burt，2000；Balkundi and Harrison，2006），认为领导的社会网络位置对任务绩效具有正面促进作用。有研究表明，领导在团队内部网络中的中心性与团队的绩效呈正相关。但是，如果当维持关系成为团队的主要目标时，大量联结的网络会阻碍任务的完成（Balkundi and Harrison，2004）。Krackhardt 等（1993）研究发现，团队领导虽然在团队咨询网络中处于中心位置，但是由于在团队信任网络中处于边缘位置，也会导致该团队发展受到阻碍，从而，领导中心性有时可能会对团队绩效有负面影响。与此同时，企业的创始者的中心性会对领导团队的绩效产生影响（Louise et al.，2008；Nicholas et al.，2002）。

（3）团队中心性对团队绩效的影响。团队在团队之间的网络中的中心性与团队绩效存在正相关关系（Balkundi and Harrison，2006）。团队在组织内部与其他部门或者团队所构成的网络中，若占据核心位置，将能够获取各种各样的信息，并且凭着不同来源（其他部门、团队、管理者等）的知识，可以促进团队成员之间更充分地解释、扩散新知识。因此，团队在组织内部网络联结的多少和网络位置的中心性对团队的创新绩效有着至关重要的影响（张娜、陈学中，2007）。

2. 团队成员之间的关系对团队绩效的影响

（1）团队成员之间的联系将会对团队绩效产生影响（Rulke and

Galaskiewicz，2000)。在团队中，成员之间强关系（朋友）有助于团队成员提高其社会支持的水平（Webb，1982)。其他许多的研究都假定具有良好人际关系的团队绩效会比较高。许多实证研究表明，在"团队建设"中，团队成员遇到的许多问题都是依靠培养良好的朋友关系来解决的（Vinzant，2000)。朋友关系影响团队绩效已经被团队各方面的研究所证明（Guzzo and Shea，1992；Jehn and Shah，1997)。

（2）团队中的沟通有利于团队成员对团队的主观和客观绩效产生较高的满意度；在团队中，成员的敌对关系将不利于团队成员对团队主观和客观绩效表示满意（Timothy et al.，1997)；团队沟通对团队绩效有影响（Cummings and Cross，2003)；团队中的沟通与团队绩效呈正相关（Gloor et al.，2008)。

（3）团队成员融合（Group Cohesion）有助于整体绩效提高；团队结构对绩效有非常重要的影响（YANG and TANG，2004)；团队内部的各种冲突对团队绩效有负面影响（De Dreu and Weingart，2003)。

3. 网络密度对团队绩效的影响

在团队帮助网络中，密度越高，团队工作绩效越高；在团队表现社会网络中，密度越高，团队工作绩效越高；在团队帮助网络中，密度越高，团队生存能力越强；在团队表现社会网络中，密度越高，团队生存能力越强；团队的正式领导在团队非正式网络中的中心性与团队工作绩效呈正相关（Balkundi and Harrison，2006)。

4. 其他性质对团队绩效的影响

（1）团队中个人属性对绩效有影响，即人口特征的多元化与团队绩效密切相关（Reagans and Zuckerman，2001)。与此同时，团队成员的知识分散水平对团队绩效也有影响（Rulke and Galaskiewicz，2000)。团队成员知识的分布情况会对团队绩效产生影响，即成员之间的知识分布越散，则团队绩效越高；团队特定知识越集中于不同的成员，团队绩效越高。团队成员所拥有的个人社会网络对绩效有影响（Reagans et al.，2004)，由于团队成员所拥有的个人网络会对团队成员的行为产生约束，从而对团队绩效产生了影响（Rosenthal，1996)。团队领导在团队中处于结构洞位置，或者团队中存在核心边缘结构或层级结构，这些都对团队绩效有负面影响（Cummings and Cross，2003)。

（2）团队的中心势对团队绩效有影响（Labiance et al.，1998）。团队的组合机制会影响团队之间的协作结构网络和团队绩效（Guimera et al.，2005），不同团队之间的朋友网络将会有助于团队绩效，领导团队的网络结构对团队绩效有影响（Mehra et al.，2006），领导团队分散的结构对团队绩效有着重要的影响（Hansen and Norman，2003），组织的不同形式与团队结构性质和团队绩效密切相关（Pearce and David，1983）。

三 网络结构与个人绩效

关于个体层次的研究主要有以下几个方面。首先，利用个体层次所收集的网络数据，研究特定类型的两个人在组织中的生活方式，其基本思想是一对朋友，如果有共同的朋友，相对于没有共同朋友的来说，会发现自己的态度和行为将更容易受到约束（Kilduff and Tsai，2007）。其次，是研究三个人之间的关系，即三个人可能发生结盟、调停及其他一系列的社会过程（Fernandez and Gould，1994）。三个人组成的小群体一直被看作非正式网络的基本组成成分（Holland and Leinhardt，1977），但是在组织网络研究中长期受到忽视（Krackhardt and Kilduff，1999）。与此同时，对于小集团问题的研究也是个体层次研究的重要方面，但是却依然没有得到组织研究的重视。所谓的小集团，主要是指由人们彼此间的互动，但与该群体以外的其他人都没有共同联系的人组成的群体。然而，基于人口统计方面的共同特征而组成的小集团虽然是存在的，但是在组织这一个特殊的环境中仍然是比较少见的（Mehra et al.，1998）。

目前，关于个人绩效研究主要集中在社会网络的微观分析层次，即中心性、结构洞。

1. 成员的中心性对个人绩效的影响

绝大多数的社会网络结构与绩效的研究表明，成员的中心性与个人绩效呈正相关（Bulkley and Van Alstyne，2006）。一是在组织的沟通网络中，团队成员的中心性与个人绩效呈正相关（Timothy et al.，1997；Gloor et al.，2008），即信息沟通网的中心性越高，则越有可能积累与工作问题相关的知识和解决方案，从而个人绩效也就相对突出（Sparrowe et al.，2001）。由于工作网络的中心性和上级评价紧密相关（Mehra et al.，2001），因而非正式沟通网的中心性和晋升紧密相关（Brass，1984）。二是团队成员组成的朋友网络中，团队成员的中心性与个人绩效呈正相关。三是在敌对的网络中，团队成员中心性与个人绩效呈负相关（Timothy et al.，1997）。

2. 成员的结构洞对个人绩效的影响

目前对成员的结构洞研究主要集中在个人所拥有的社会资本对其绩效影响的研究中，即大部分研究者将员工社会资本的收益着眼于异质的信息和资源，认为员工通过和其他同事的联结（例如弱联系、结构洞和网络跨度）可以更多地接触或掌握信息，从而提高自身的工作效率和工作成果（郑晓涛等，2008）。员工的结构洞越丰富，就越容易和其他部门及更高的层级人员联系，从而对信息和资源的接触也相对较多（Seibert et al.，2001），跨组织边界、地理边界和层级边界的关系更容易帮助员工掌握异质信息和观点，从而更好地完成自身的任务（Cross and Cummings，2004）。从中可知，如果员工积极与具有影响力和权力的同事建立网络联系，其更容易建立自己的社会资本，从而更容易接触关键资源和信息，因此自身的绩效也相对较高（Thompson，2005）。

3. 成员的知识分散水平对个人绩效的影响

除了以上研究以外，成员的知识分散水平对团队绩效也有影响（Rulke and Galaskiewicz，2000）。团队内的沟通频率与非正式化互动程度越高，越会促进团队成员知识分享的行为，进而提升团队的创新绩效；团队成员对团队信任，则团队资源的利用率提升，有助于提升创新绩效；团队运作而言，共享价值观的形成有利于团队目标的实现。因而，团队的内部社会资本有利于团队任务绩效的达成（张娜、陈学中，2007）。

然而，最新研究发现，大量的真实网络既不是规则网络，也不是随机网络，而是具有不同统计特征的网络。小世界效应、无标度特性、社群结构等复杂网络特征已经成为近期网络研究的重点，但这些复杂网络特征并没有被纳入企业绩效的网络影响因素研究中。事实上，社群结构等复杂网络特征对企业、团队、个人行为和绩效都有重要影响。

本章小结

本章首先系统地评述了社会资本理论、社会网络理论和绩效理论，然后分别从个体、小团体和整体等层次评述了社会网络结构研究方法，最后分别从社会网络对企业绩效影响的相关研究方面进行了回顾。目前，社会网络对企业绩效研究主要集中在企业绩效的团队绩效层次，社会网络分析结构主要集中在个体层次，利用经典社会网络分析的指标对绩效进行分析，从而使得很多网络指标和统计模型尤其是复杂网络研究，还没有应用到该研究领域。利用社会网络研究企业绩效已经引起广泛关注，但是对于企业员工社会网络的研究仍然不够。主要表现在以下方面。

（1）从研究对象上看，社会网络研究主要集中于企业团队绩效的影响研究，如团队中的人员关系构成的社会网络密度、中心势等对于团队绩效的影响，并且发现了团队中的社会网络对团队绩效有着重要影响。目前对个人绩效、组织绩效研究并不多见。

（2）从分析选择的网络类型来看，首先绝大多数选择分析的网络为非正式网络中的朋友网络，其次为沟通网络、咨询网络以及信息网络。对于企业中由工作关系结成的正式网络的研究比较少，而由工作关系形成的正式网络不但能够反映员工在组中所处的等级、位置，还能够通过对正式网络与非正式网络进行比较，分析二者的嵌入状况等。

（3）运用传统的社会网络分析方法较多，从复杂网络角度的研究较少。作为揭示复杂系统结构和功能的重要手段，社会网络也是复杂性科学研究的主要内容，复杂网络已经成为目前进展最快的复杂系统研究的领域之一。但是，由于数据收集困难和分析方法的相对复杂，使得复杂网络分析方法，如小世界特性、社群结构分析、网络动态等，难以全面应用于企业员工的社会网络研究之中。

（4）单一层次网络结构研究相对较多，多层次结构研究较少。总体而言，企业员工的社会网络结构研究相对较少，并且目前的成果主要集中在个体层次；综合个体、小团体和整体网络结构的研究很少。

（5）从静态角度研究较多，从动态角度研究较少。企业中社会网络虽有大量研究，但这些分析忽略了网络形成的动态过程对结构的影响；同时，由于缺乏对比，难以从总体上了解网络的构成特点；另外，传统的网络方法难以深入分析和解释网络的重要参数，如度分布、最短距离、聚类系数，而借助复杂网络分析更容易揭示企业员工网络结构及动态变化特征。

总之，在现有社会网络对企业员工绩效影响问题的研究方面，由于网络数据难以获得以及分析方法的相对复杂，使得多数研究只是统计汇总，缺乏系统的社会网络分析，尤其是缺乏整体网络结构分析。更重要的是，研究领域较为狭窄，主要集中在非正式网络，对另一类重要的正式网络，即由工作关系结成的网络缺乏足够的研究。近年来，复杂网络研究不断深入，成为社会网络的研究热点，但在企业绩效研究中，复杂网络分析方法还没有得到足够的重视。这些都为本书的研究提供了空间。

第三章　数据采集

本章所用数据基于 2009 年 6 月西安交通大学公共管理与复杂性科学研究中心西安市中小企业"组织结构与团队绩效"课题调查，主要介绍西安调查中调查地的选择与概况、抽样调查目标、样本选取、问卷设计和修改过程以及抽样调查过程、质量控制和样本基本信息等内容。中小企业员工的正式与非正式网络信息是本次调查的主要关注点之一，本章因此着重介绍了整体网络的问卷设计、调查实施、数据采集以及数据初步处理的过程，给出了每个调查地中整体网络的结构拓扑图。

第一节　调查地的选择与概况

本次调查的实施地点为西安高新区。西安高新区是一个代表西安与西部高新科技产业前沿的领地，以其众多的"第一"成为陕西和西安最强劲的经济增长极和对外开放的窗口。

西安高新区是 1991 年 3 月经国务院首批批准的国家级高新区。18 年来，西安高新区的主要经济指标增长迅猛，综合指标位于全国 54 个国家级高新区前列；西安高新区在推动技术创新、发展拥有民族自主知识产权的高新技术产业方面形成了自己的优势和特色，全区累计转化科技成果近 8000 项，其中 90% 以上拥有自主知识产权；列入国家各类产业计划的项目居全国高新区前茅。如今，西安高新区已成为中国中西部地区投资环境好、市场化程度高、经济发展最为活跃的区域之一，成为陕西省及西安市最强劲的经济增长极和对外开放的窗口，成为我国发展高新技术产业的重要基地。

西安高新区内有各类企业 4000 余家，其中中小企业占据了绝大多数。一方面，由于获得所有公司的具体信息是有难度的，因此，我们难以确定符合要求的抽样框；另一方面，由于本次调查主要围绕社会关系展开，需要获得公司员工社会网络信息，因此，在对符合要求的中小企业所有员工进行调查时，中小企业的规模和配合程度都是必须要考虑的因素。总之，依据研究目标、企业特征、企业类型以及调查执行的特殊要求，为了确保数据样本获取的有效可用性，本次调查采用了方便类型抽样抽取被调查公司。

在具体被调查公司的选择上，我们主要依据企业登记的注册类型进行筛选。目前，我国企业登记注册类型主要分为三大类十六种类型，其划分的基本依据是所有制形式。表 3 - 1 给出了具体的分类结果，同时依据《中国统计年鉴》给出了 2007 年我国规模以上工业企业按照登记注册类型分类的户数及其占企业总户数的比例。通过表 3 - 1 可以看出，在实际生产经营中，外商投资企业和港、澳、台商投资企业数量约占企业总数的 20%；而内资企业中，私营企业、有限责任公司、集体企业和国有企业等类型所占比例较高，均超过或接近了 3%。在实际工作中，为了简化分类，我们参考科技部科技统计资料汇编的方法，将企业类型划分为国有企业、集体企业、股份制企业、三资企业和其他类型企业，其中其他类型企业以私营企业和有限责任公司为主。依据上述中小企业类型划分，运用方便抽样方法，我们最终确定参与本次调查的企业共有 4 家，其中，YZ 公司为有限责任公司，BD 公司为三资企业，SL 公司为股份有限公司而 YB 公司为国有企业，基本涵盖了所有企业类型，具有较好的代表性。

表 3 - 1 企业登记注册类型分类

大 类	具体类型	企业户数	占企业总数比例（%）
内资企业	国有企业	10074	2.99
	集体企业	13032	3.87
	股份合作企业	5880	1.75
	联营企业	999	0.37
	有限责任公司	53326	15.83
	股份有限公司	7782	2.89
	私营企业	177080	52.58
	其他企业	1139	0.34

续表

大　　类	具体类型	企业户数	占企业总数比例（%）
中国港、澳、台商投资企业	合资经营企业（中国港、澳、台资）	10927	3.24
	合作经营企业（中国港、澳、台资）	1673	0.50
	中国港、澳、台商独资经营企业	19008	5.64
	中国港、澳、台商投资股份有限公司	341	0.10
外商投资企业	中外合资经营企业	14485	4.30
	中外合作经营企业	1537	0.46
	外资企业	18968	5.63
	外商投资股份有限公司	517	0.15

注：（1）规模以上企业为年主营业务收入在 500 万元以上的企业。

（2）需要说明的是，表 3－1 中，比例的百分比总和不等于 100% 的原因是由于数据进行四舍五入时产生了误差，本书其他统计表格还可能出现类似情况，原因不再赘述。

资料来源：《关于划分企业登记注册类型的规定》（国家统计局、国家工商行政管理局 1998 年 8 月 28 日国统字 ［1998］ 200 号）、《中国统计年鉴 （2008）》。

4 家被调查公司基本情况简要介绍如下。

YZ 公司成立于 1992 年，是一家致力于电力系统自动化产品研发、生产、销售的高新技术企业，也是中国西部地区最大的从事变电站自动化产品研发和生产的高科技企业之一。该公司现有生产、办公面积 6000 平方米，产品全部采用流水线作业，主要生产检测设备 32 台，拥有国内先进的电磁兼容 EMC 实验室，为产品质量提供了可靠保证。公司拥有一支由博士、硕士及高级工程师、工程师组成的高层次人才队伍，具备雄厚的技术开发实力，由此奠定了高速成长和发展的强大平台。

YZ 公司业务涉及电力、铁路、石化、煤炭、军工等国家重点行业和领域的大型用户，为国内电网和企业用户的输配电运行提供了可靠的安全保障。YZ 公司因多年来坚持自主创新，且知识产权保护意识较强，先后被评为 "西安市专利试点单位""知识产权优势企业""西安市知识产权百强企业" 等称号。公司连续多年获得 "中国优秀民营科技企业""先进纳税企业""先进科技企业" 等荣誉称号，2008 年被评为 "西安市标准化良好行为 AAA 级企业"。目前，公司销售网络已覆盖全国 30 个省份的 2600 多家客户，产品远销至朝鲜、伊拉克、俄罗斯等国家，与全国各大开关厂、供电局、设计院等大型电力用户建立了长期稳定的客户关系。

BD 公司成立于 1997 年，主要在陕西省从事空运、国内物流、铁海联运和国际快递等业务，现有员工 70 余人。BD 公司为中外合资的 BL 集团的全资子公司，BL 集团于 1990 年进驻中国市场，致力于开拓和发展国际运输、仓储、报关、报检、包装、配送等专业物流服务。BL 集团于 1999 年通过 ISO9001 质量体系认证，是国际货运代理协会联合会（FIATA）和国际航空运输协会（IATA）的会员，同时与全球 200 多家代理公司保持着长期友好的合作关系。

BD 公司是大阪三井船公司（MOSK）、阳明海运股份有限公司（YML）在陕西地区的独家代理和箱管，同时亦是法国达飞船公司（CMA）、美国总统船公司（APL）的订舱和签单代理，全力推出陕西产地装箱至世界各地的铁海联运服务及世界各地至陕西的海铁联运服务，拥有专供集装箱堆存、拆装箱作业的仓库，并配置专业人员从事集装箱调配使用及机械化作业操作，BD 公司拥有代理报关权，专业的报关员、报检员提供专业的报关报检服务，以确保货物迅速清关放行。BD 公司还是经国家民航总局批准的空运一级代理企业，与多家航空公司签订合作协议，在咸阳机场设立办公机构，配备专业的空运操作、报关员、报检员及现代化的交通、通信设施为客户提供连续、稳定、快捷的空运进出口报关、报验、提货和送货服务。同时，作为天地快递（TNT）在陕西地区的独家代理，BD 公司在陕西地区收揽及派送国际快件，亦取得了良好业绩。经过 10 余年的发展，BD 公司已经发展成为陕西地区物流行业的领军企业。

SL 股份有限公司（以下简称"SL 公司"）成立于 2001 年 6 月，公司前身为西安 SL 自动化工程公司，创立于 1992 年。SL 公司经过 18 年持续稳定发展，现有员工 100 多名，自有办公场所 7000 平方米，注册资金 5300 万元。SL 公司已由从事中央空调系统、消防系统和建筑智能化系统的专业公司，发展成为具有对建筑工程实施机电总承包管理的高科技企业。SL 公司能够以丰富的机电总包经验，为客户提供咨询、设计、供货、安装、调试和培训的全方位服务。

SL 公司立足西北，服务全国，走向世界，现已在北京、天津等地建立了 10 余家营销与服务分支机构，公司拥有建设部颁发的机电安装工程施工总承包一级资质、建筑智能化工程施工一级与设计甲级证书等多项资质。公司业绩遍布全国，同时还承接了巴基斯坦和也门等国的工程项目，这标志着公司在国际竞争中的实力日渐壮大。近年来，SL公司不断开拓新市场，用特许专营权（BOT）形式在新能源领域健康发展。SL公司注重信誉，勇于创新，在业界树立了良好的企业形象，成为在西北乃至全国同行业中具有一定知名度的高科技企业。

YB公司成立于1992年，致力于为高端客户提供全方位的高科技服务，是西部地区领先的高新技术企业。YB公司最早为中国建设银行陕西分行下属企业，在中国建设银行股份制改造过程中，YB公司划归中国建银投资有限责任公司。YB公司产品和服务涵盖应用软件研发、信息安全、高性能信息设备维护维保与技术支持、业务流程外包服务（BPO）、技防和楼宇智能化工程、档案数字化工程等领域，经营网络遍及全国各地各大银行、保险、电信运营商、高校等，在业内拥有良好的口碑和很高的知名度。

YB公司以雄厚的母公司资金实力和丰富的技术储备为后盾，成为国家"863计划"软件重大专项承接单位、国家发改委高技术产业化项目计划支持单位、国家中小企业创新基金支持单位等，曾荣获"中国通信学会科学技术奖二等奖""陕西省科学技术奖二等奖""中国人民银行科技进步奖三等奖"等，参加了"全国科技创新成就展"和国家"十五"重大科技成就展。

第二节 抽样调查

一 调查目标

本次调查的目标是在社会资本和绩效理论的指导下，基于社会网络研究视角和方法，获取中小企业员工基本信息、整体社会网络结构数据及其个人绩效的相关数据。其中整体社会网络结构数据从正式关系网络和非正式关系网络两个方面来获取员工不同类型社会网络的互动关系。本书旨在运用经典社会网络分析和复杂网络相关分析方法，从个体、小团体和整体三个层次全面揭示企业员工社会网络结构特征；进而分析企业员工的社会网络如何影响其工作满意度和绩效；给予相关研究结果，为提高企业员工个人绩效并促进企业绩效提升提供建议。

二 问卷设计

依据本书的研究计划，在参考、吸收国内外相关理论和调查方法的基础上，调查问卷开发经历了如图3-1所示的资料收集与整理、问卷初步设计、试调查、问卷修改等过程。

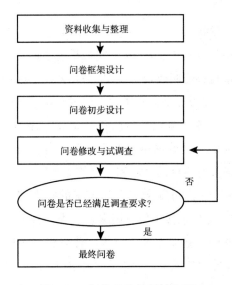

图 3-1 问卷开发与设计流程

问卷开发包括以下主要内容。

（1）根据研究目标和研究计划，参考国外相关研究中企业员工绩效、社会网络、工作满意度的理论及研究成果，对研究问题进行准确细化，拟定调查问卷内容框架。

（2）在确定问卷内容框架的基础上，参考中国内地、台湾地区以及其他华人地区的相关问卷调查内容以及基于数据的相关研究结果，细化并改进了调查问卷中个人基本信息、社会网络等调查内容，完成了调查问卷的初步设计。

（3）对初步确定的个体问卷进行试调查，检验问卷内容的可行性，记录完成问卷所需要的时间，并征询被访者的建议；问卷试访完成后，根据调查过程记录、调查员的自我感受以及被访者的建议对调查问卷进行调整。

（4）结合研究目标和个体问卷试调查的结果，确定整体网络调查的内容，设计完成整体网络的完整问卷；在西安市高新区选取了一家小型企业进行整群抽样调查以作为整体问卷的试调查；在调查过程中，观察被调查者的反应，记录调查中出现的问题以及整个过程的时间分配；试调查完成后，根据调查员的总结和建议，对问卷再次进行修改完善。

根据试调查的结果，我们对问卷进行了修改完善，确定了组织结构与绩效调查的最终问卷。同时，试调查和问卷修改过程中存在的问题和积累的经验也为正式调查前的调查员培训以及调查过程中的质量控制提供了可靠的依据和宝贵的经验。

三 调查内容

1. 基本信息

包括被调查者个人的性别、年龄、受教育程度、婚姻状况、户籍所在地、政治面貌等基本信息以及工作时间、离职原因、目前所处的职位阶层、收入等工作信息。

2. 社会网络信息

社会网络可以分为个体中心网络和整体网络两大类，个体中心网络主要关注单一个体如何受其社会网络成员的影响，整体网络则重点考察在一定的网络边界内所有网络成员间的人际互动。依据研究目标，本书主要从整体网络的角度进行数据信息收集。通过回顾以往国内外社会网络研究相关文献，我们可以发现整体网络的数据采集具有较大的难度，主要体现在整体网络的边界难以确定、调查实施过程复杂和网络类型单一几个方面。在过去对整体网络的研究中，主要采取定名法和定位法来确定网络边界。而在本次调查中，由于事先与被调查企业沟通顺畅，我们提早获取了企业员工的整体名单，从而可以采用提名法来确定清晰的网络边界，同时采取了多种视角设计以获取不同类型的员工整体社会网络数据。

本次调查对企业员工社会网络的测度主要是基于 Rosenthal（1996）的社会网络的测度来进行的。Rosenthal 研究的企业员工社会网络主要包括社交网络、重要事情讨论网络、专业技能促进网络、发展促进网络、离职讨论网络、工作替代网络、上司意愿网络、工作困难网络这八大网络。从中可以发现，Rosenthal 的研究主要集中在非正式网络上，没有对正式网络的研究。本研究主要根据中国中小企业的实际情况，对企业员工社会网络的研究进行中国本土化的改进，并在原有的基础上进行创新。基于此，结合本研究目标，我们将企业网络类型进行进一步的划分，分为正式网络与非正式网络，如表3－2所示。

表3－2　社会网络测度

项　　目	Rosenthal 的社会网络测度	本研究的社会网络测度
非正式网络	您与哪些人讨论过有关您自己的重要事情	您与哪些人讨论过有关您自己的重要事情
	您与哪些人有过非正式的交往活动（如吃饭、喝酒、逛街等）	您与哪些人有过非正式的交往活动（如吃饭、喝酒、逛街等）
	您愿意哪些人当您的顶头上司	您愿意哪些人当您的顶头上司
	您认为哪些人对您的专业能力提高有着重要作用	您认为哪些人对您的专业能力提高有着重要作用
	您认为未来哪些人可能会接替您的工作	您认为未来哪些人可能会接替您的工作
	您认为哪些人将会对您个人的未来发展有促进作用	您认为哪些人将会对您个人的未来发展有促进作用
	您认为哪些人可能会造成您工作中的困难	您认为哪些人可能会造成您工作中的困难
	如果您打算去其他公司工作，您可能和哪些人讨论	如果您打算去其他公司工作，您可能和哪些人讨论
	/	如果您需要在同事中借钱，您会向哪些人借呢
	/	根据您的真实情况，填写您与其他员工的熟悉程度
正式网络	/	您与哪些人有工作联系

所谓正式网络是指由工作关系形成的网络，即根据工作需要所产生的联系来展开的，测度题项为"您与哪些人有工作联系"。非正式网络就是除工作关系以外员工私下结成的交往网络，主要包括社交网络、重要事情讨论网络、借贷网络、上司意愿网络、专业技能促进网络、工作替代网络、发展促进网络、工作困难网络、离职讨论网络以及企业内部员工之间熟悉网络。在调查中让被调查者根据调查组提供的公司员工名单，按照顺序将与其发生互动关系员工的序号填写至相应的网络问题中，这样就保证了整体网络数据的收集能够限定在调查组规定的网络边界内进行，问卷设计如表3－3、表3－4所示。

3. 个人绩效信息

本研究将个人绩效分为主观绩效和客观绩效。主观绩效主要包括员工的工作满意度,在调查中通过量表来获取员工主观绩效的数据;客观绩效则采用员工的月平均收入(包括工资与奖金)来度量,在调查中通过公司财务部门直接获得所有员工的月均收入状况。

表 3 - 3　整体网络的调查

根据您的实际情况,根据名单上的人名填写以下问题。
您与哪些人有工作联系?
您与哪些人讨论过有关您自己的重要事情?
您与哪些人有过非正式的交往活动(如吃饭、喝酒、逛街等)

表 3 - 4　企业整体网络名单与熟悉程度调查

请您对应名单上的人,根据您的真实情况,填写您与其的熟悉程度。
＊编码:1. 十分不熟悉;　2. 比较不熟悉;　3. 一般;　4. 比较熟悉;　5. 非常熟悉

部　门	序　号	姓　名	熟悉程度
总经理	1	张某	
总　工	2	李某	
副　总	3	王某	
……	……	……	

本次调查中对工作满意度的测量主要是根据 Spector (1985) 的工作满意度量表编制的。它通过 36 道题描述了工作的 9 个方面(每个方面 4 道题)。这 9 个方面包括报酬、晋升、管理者、利益、偶然奖励、操作程序、同事、工作本身和交际。它原本被用于评估人际服务、非营利组织以及社会机构中的工作满意度。Blau 于 1999 年证明 a 系数为 0.89,纵向研究中,工作满意度与对工作效能的期望、前一年的工作贡献、裁员幅度、工作转换和今年的工作贡献呈正相关 (Blau, 1999);Spector 发现 9 个方面之间均互为正相关 (Spector, 1997)。本调查采用李克特 6 点量表作答。其中,1 = 非常不同意,2 = 一般不同意,3 = 有点不同意,4 = 有点同意,5 = 一般同意,6 = 非常同意。R 表示反向问题。根据本研究的目标,本书从中选取了对工作本身的满意度、对上级满意度、对晋升的满意度、对利益的满意度以及对人际交往的满意度这五个维度来测度。该量表为 Likert 五级量表(从"完全

不同意"到"完全同意",分别赋值为1、2、3、4、5；R表示反向问题，赋值则为反向赋值，即5、4、3、2、1），以加总取均值来度量工作满意度的高低，其中分数越高表示其工作满意度越高。

关于对工作本身的满意度，我们主要询问被访者对"您有时候觉得自己的工作一点意义都没有（R）""您喜欢自己工作中所做的事情""您对自己从事的工作有一种自豪感""您的工作能使人感到非常愉快"这4种描述的认同态度，其内部一致性信度系数为0.71；对上级满意度的测量，我们主要询问被访者对"您的上级能胜任他（她）的职务""您的上级对您不公平（R）""您的上级对下属的想法一点兴趣也没有（R）""您喜欢您的上级"这4种描述的认同态度，其内部一致性信度系数为0.72；对晋升满意度的测量，我们主要询问被访者对"您的工作晋升机会很少（R）""在本部门中，凡是工作中表现出色的人都能获得公平的晋升机会""在本部门工作的人，和在别的地方工作一样能够发展迅速""您对您的晋升机会感到满意"这4种描述的认同态度，其内部一致性信度系数为0.7；对利益满意度的测量，我们主要询问被访者对"您对您得到的利益并不满意（R）""您在这个组织中得到的利益和在其他组织中能够得到的利益一样多""本部门内部的利益分配是公平的""您没有得到本应该得到的利益（R）"这4种描述的认同态度，其内部一致性信度系数为0.61；对交往满意度的测量，我们主要询问被访者对"您在本部门内的人际交往看上去很不错""您对本部门的目标还很不明确（R）""您经常感到不知道本部门里会发生什么事情（R）""您的工作任务经常得不到全面的解释（R）"这4种描述的认同态度，其内部一致性信度系数为0.66。

四 抽样过程

1. 调查对象的确定

本次调查对象为西安市高新区4家中小企业的员工，我们将企业员工定义为于2009年6月1日以前，与该企业保持有效劳务合同的人员。

2. 抽样方法及原则

本次调查在确定最终调查公司后，具体样本的确定采用整群抽样的方法。关于数据，我们还需要说明两点：首先，我们已经获得了2009年7月1日以前4家公司所有员工的样本框，并且严格按照样本框进行整体抽样，因此数据获取具有很强的科学性，能够满足研究的需要；其次，由于各个公司中存在一些尚在外出差的员工，因而在调查中，我们将难以调查到的样本进行剔除，这可能会导致获取的样本有一定的偏差，从而使得我们的研究可能更多地反映了留在公司里工作的员工的社会网络、个人绩效的情况。

五　调查实施

1. 调查时间、参与人员

2009 年 6 月 28 日至 2009 年 7 月 10 日，课题组在西安市高新区顺利完成了为期 13 天的西安市中小企业"组织结构与团队绩效"课题正式调查工作。每个调查点由 1 名指导员、1 名协调员和 5 名调查员共同完成调查任务。

指导员由西安交通大学公共管理与复杂性科学研究中心的博士生担任，他们负责对实际调查的问卷质量进行控制；协调员是各个调查点相关部门的负责人（如公司内部的人力资源总监），他们对各自公司的情况非常熟悉并且有丰富的工作经验，对于调查工作的顺利开展起了很大的作用；调查员由各个调查点确定，调查人员以西安交通大学公共管理与复杂性科学研究中心的博士生或硕士生为主，仅在 SL 公司调查时，根据调查的需要，使用了调查点的工作人员，他们十分了解公司的情况，便于工作的开展。

2. 调查培训

在正式调查之前，对所有参加调查的相关人员进行了问卷调查培训。培训的重点在于讲解调查的目标、问卷结构、问卷中问题的具体含义以及现场调查的基本技能。

3. 正式调查

在正式调查过程中，各个调查点企业员工均能够较好地配合调查员的工作，在对每个员工进行正式调查前，调查员会与企业员工进行沟通，较为详细地介绍调查的目标、问卷的主要内容和填写的注意事项。员工完成问卷的积极性较高，基本能够认真地完成整个问卷的填写。

在调查过程中，调查指导员对每一个调查员的问卷进行审核，并将有数据信息不全或存在逻辑错误等问题的问卷当即返回给调查员，请调查员对被访者进行再次访问，修正问卷中存在的问题。所有被调查指导员审查过的问卷由调查组织者进行最终审查，有严重问题或调查对象拒访的问卷被视为无效。

需要说明的是，由于被访者文化素质较高，大部分具有大专以上学历，所以正式调查过程中主要采用一对多的调查方式展开，即一个调查员同时指导多个被访者，调查员对被访者在自填问卷过程中的问题随时进行详细解答。

六　数据质量评价

为了保证调查的顺利进行和所得数据信息的可靠性，依据图 3 - 2 所示流程，调查组织者在每一环节采取了相应的质量保证措施，以确保现场调查和数据录入的质量。

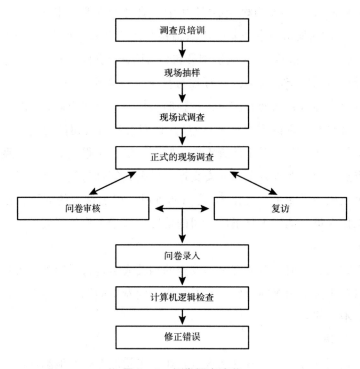

图 3 - 2　问卷调查流程

1. 现场质量控制

在正式调查中，我们使用了各种方法来保证调查质量。调查指导员对每一个调查员的问卷进行审核，并将有数据信息不全或存在逻辑错误等问题的问卷当即返回给调查员，请调查员对被访者进行再次访问，修正问卷中存在的问题。

其中在 SL 公司调查时，由于该公司主要从事建筑安装工程总承包业务，大部分员工在遍布全国各地的工程施工现场作业，很难对其进行集中发放问卷调查。因而，在对该公司集中调查结束时，我们对该公司的人力资源办公室的经理进行培训，通过公司人力资源部将问卷发放给其他员工进行调查。为此，我们加强了对 SL 回收问卷的审核与复访，以便保证问卷质量。通过随机抽取，我们对 10% 的员工抽样复访信息与正式访问信息进行比较，一致率为 90% 以上，因而数据质量可靠。

2. 数据录入和清洗

数据录入工作在调查结束之后开展，从 2009 年 7 月 11 日开始，7 月 25 日结束，由调查指导员将问卷信息录入到 Epidata 数据库中。在数据录入工作结束之后，我们通过编制计算机程序来检验问卷中相关信息之间的逻辑一致性。对于有逻辑一致性问题的问卷，调查指导员再次进行审查，并对有输入错误的问卷进行更正。

3. 问卷调查数据质量的总体评价

总体上，通过调查组织者在抽样调查中对回收问卷的严格审核，在数据录入中对问卷事实的尊重，在数据清洗中严密的逻辑检测以及对最终数据信息的反复校改，可以说，我们所得到的企业员工抽样调查问卷信息的数据误差在可接受的范围内，数据质量较高，达到了问卷调查对数据质量的要求，为最终实现本研究目标打下了坚实可靠的数据基础。

第三节　样本的基本信息

本次调查对 4 家公司共 455 名员工进行问卷调查，回收问卷 350 份，其中有效问卷 336 份。问卷回收率达 76.9%，有效问卷回收率为 73.8%。问卷发放和回收情况详见表 1 - 2。我们可以发现，SL 公司的问卷回收率比较低，主要是因为该公司主要从事建筑安装工程总承包业务，有较多员工在遍布全国的工程施工现场作业，很难对其发放问卷进行调查。其余 3 家公司的问卷回收比率则均达 80% 以上。

本次调查获取的 4 个公司样本和总体样本的基本信息如表 3 - 5 所示。

从性别分布来看，4 个公司中工作人员的男女比例分布相当，均是男性比例高于女性，不存在差异；从年龄结构来看，虽然 4 个公司员工的年龄均主要集中于青年，但相对于 YZ 公司和 SL 公司而言，BD 公司和 YB 公司的员工年龄结构分布明显更年轻化，存在较明显的差异；从婚姻状况来看，由于 BD 公司和 YB 公司中员工年龄结构更年轻化，其员工中从未结过婚的比例也随之高于 YZ 公司和 SL 公司中的未婚员工比例，存在较明显的差异；从户籍所在地来看，4 个公司中的员工均以省内来源为主，不存在差异。

表 3 - 5　不同公司样本的基本信息

项　　目	YZ公司		BD公司		YB公司		SL公司		总样本	
	频数	百分比（%）	频数	百分比（%）	频数	百分比（%）	频数	百分比（%）	频数	百分比（%）
性别	119	100.0	63	100.0	102	100.0	52	100.0	336	100.0
男	75	63.0	33	52.4	68	66.7	27	52.0	203	60.4
女	44	37.0	30	47.6	34	33.3	25	48.0	133	39.6
年龄（岁）	119	100.0	63	100.0	102	100.0	52	100.0	336	100.0
18~25	19	16.0	19	30.2	23	22.5	10	19.2	71	21.1
26~30	43	36.1	18	28.6	43	42.2	16	30.8	120	35.7
31~35	28	23.5	13	20.6	18	17.6	6	11.5	65	19.3
36~40	20	16.8	8	12.7	6	5.9	5	9.6	39	11.6
41+	9	7.6	5	7.9	12	11.8	15	28.8	41	12.2
平均值（岁）	31.2		30.5		34.5		30.7		31.4	
户籍	119	100.0	63	100.0	102	100.0	52	100.0	336	100.0
陕西	100	84.0	55	87.3	80	78.4	45	86.5	280	83.3
非陕西	19	16.0	8	12.7	22	21.6	7	13.5	56	16.7
婚姻状况	119	100.0	63	100.0	102	100.0	52	100.0	336	100.0
从未结过婚	38	31.9	27	42.9	51	50.0	15	28.8	131	39.0
曾婚*	81	68.1	36	57.1	51	50.0	37	71.2	205	61.0
受教育程度	119	100.0	63	100.0	102	100.0	52	100.0	336	100.0
高中及以下	19	16.0	13	20.6	3	2.9	7	13.5	42	12.5
大专	59	49.6	24	38.1	23	22.6	20	38.5	126	37.5
本科	35	29.4	26	41.3	68	66.7	18	34.6	147	43.8
硕士及以上	6	5.0	0	0.0	8	7.8	7	13.5	21	6.2
政治面貌	119	100.0	63	100.0	102	100.0	52	100.0	336	100.0
中共党员	12	10.1	8	12.7	34	33.3	13	25.0	67	20.0
团员	60	50.4	22	34.9	22	21.6	18	34.6	122	36.3
群众	47	39.5	33	52.4	44	43.1	21	40.4	145	43.1
民主党派	0	0.0	0	0.0	2	2.0	0	0.0	2	0.6
职业阶层	119	100.0	63	100.0	102	100.0	52	100.0	336	100.0
管理层	15	12.6	16	25.4	14	13.7	11	21.2	56	16.7
非管理层	104	87.4	47	74.6	88	86.3	41	78.8	280	83.3

注：＊包括初婚、再婚、丧偶和离婚四类。

资料来源：《2009 年西安市组织结构与团队绩效调查》。

从受教育程度来看，YB 公司中员工的受教育程度平均水平最高，仅有2.9% 的员工受教育程度为高中及以下；相比之下，BD 公司中员工的受教育程度平均水平最低，受教育程度为高中及以下的比例占到了 20.6%。

从政治面貌来看，YB 公司中员工的党员比例最高，这与 YB 公司是国有企业这一背景存在较大关系。

本次调查中将个人绩效分为主观绩效和客观绩效。主观绩效通过量表来获取，而客观绩效则采用员工的月收入来度量。工作满意度的测量调查的内部一致性信度系数为 0.66，调查样本总体对工作满意度的评价和客观绩效现状如表 3-6 所示。

表 3-6　总样本的工作满意度与客观绩效现状

项　　目	样本	均值	方差	信度
对工作本身的满意度	336	3.7	0.02	0.71
对上级满意度	336	3.9	0.03	0.72
对晋升的满意度	336	3.1	0.11	0.70
对利益的满意度	336	3.1	0.06	0.61
对人际交往的满意度	336	3.7	0.05	0.66
客观绩效	336	2873.50	2015.30	/

资料来源：《2009 年西安市组织结构与团队绩效调查》。

由表 3-6 中的数据可知：公司员工对工作满意度的总体评价不高，平均得分均低于 4 分。其中，上级满意度的评价最高，平均得分为 3.9 分；其次是对工作本身满意度和人际交往满意度的评价，平均得分为 3.7 分；对晋升满意度和利益满意度的评价最低，平均得分均为 3.1 分。

第四节　网络结构拓扑图

本次调查获取的各个公司员工的工作关系网络和社会交往网络的结构拓扑图如图 3-3 至图 3-6 所示，相应的上司意愿网络、工作替代网络、发展促进网络、离职讨论网络的拓扑结构见附录。图中的"点"表示公司员工个体，而"点"与"点"之间的连线表示相应的公司员工之间存在互动关系。需要说明的是，由于公司员工在工作关系和社会交往中是一种"相互"

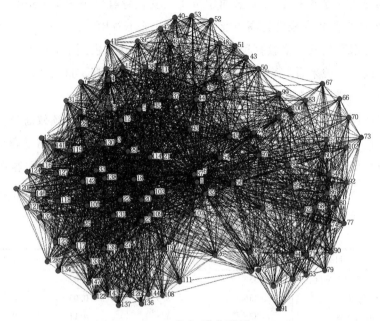

（a）工作关系网络

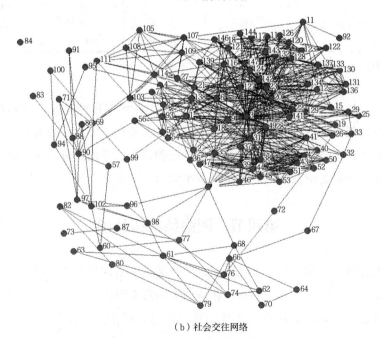

（b）社会交往网络

图 3－3　YZ 公司网络拓扑结构图

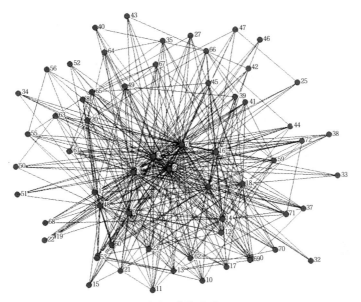

（a）工作关系网络

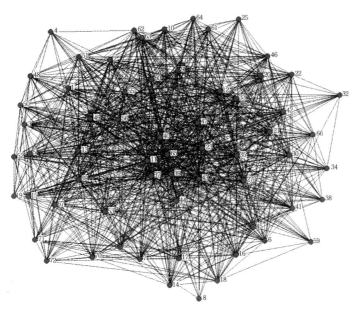

（b）社会交往网络

图 3 - 4　BD 公司网络拓扑结构图

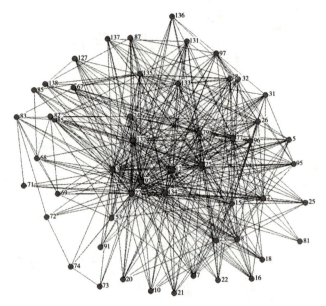

（a）工作关系网络

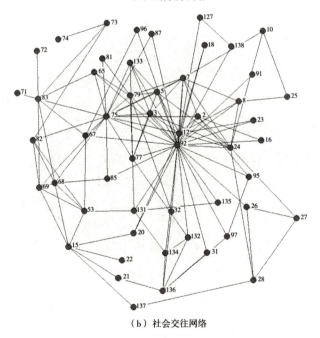

（b）社会交往网络

图3-5　SL公司网络拓扑结构图

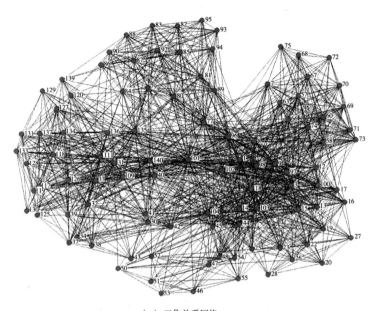

（a）工作关系网络

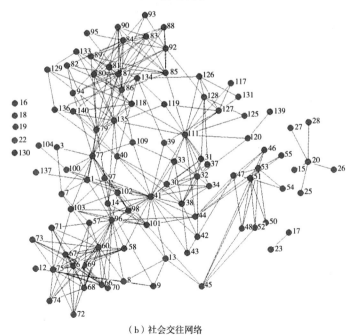

（b）社会交往网络

图 3 - 6 YB 公司网络拓扑结构图

关系，因此图中的连线没有方向，而其他网络均为有向。图示表明，公司员工在不同的社会互动过程中，表现出不同的互动模式。总体上，与其他互动关系相比，公司员工之间的正式关系网络即工作关系最为频繁。

本章小结

本章详细介绍了中小企业"组织结构与团队绩效"课题调查的设计，在西安高新区选取了4家有代表性的企业，采用整群抽样方法，获得了336份有效问卷，问卷内容包括中小企业员工基本信息、正式与非正式整体网络及其个人绩效等信息。经过严格的调查程序、现场质量控制、数据录入和清洗，数据整体质量较高，基本反映了高新中小企业员工的整体情况。

中小企业员工基本信息显示，男性比例较高，近六成；35岁以下员工占到70%以上，平均年龄31.4岁；多数为陕西本省户籍，外省户籍不足20%；多数曾婚，未婚者不足40%；文化程度主要集中在本科和大专；政治面貌为党团员的比例分别为20%、36.3%，民主党派不足1%，其余为群众；有16.7%的人居于管理岗位。

中小企业员工社会网络主要分为正式网络和非正式网络。通过网络拓扑图我们可以直观地看到，工作关系网络相对比较密集，而社会交往网络较为稀疏，但也并非千篇一律，由于网络规模和企业性质的不同，网络结构也会有较大的差异。

第四章　中小企业员工社会
网络个体层次结构

　　社会网络个体层次结构特征主要揭示企业员工个体对资源的占有和控制情况。基于传统社会网络分析，本章首先探讨中小企业员工社会网络的度分布特征；其次，通过连接倾向性来揭示不同类型网络中节点间的同配或异配性特点，连接倾向性本质上是探讨度相关特征，可以用于判断网络成员是否形成"富人俱乐部"效应；再次，从边的角度，利用居中中心性分析网络成员在信息传递过程中的结构特征；最后，从有效规模、效率、限制度和等级度4个结构洞指标，全面分析节点的信息桥作用。需要说明的是，居中中心性反映了个体对其他两个个体关系的控制能力，本质上也是结构洞的一种测度，而结构洞是对居中中心性的进一步细化。

第一节　度分布

　　传统社会网络结构分析是通过度中心性来揭示个人或者组织在其社会网络中具有怎样的权力，或者说居于怎样的中心地位。

　　中小企业员工之间的互动关系可以通过社会网络来描述。网络中的节点代表企业员工，而节点之间的连线表示互动关系，如果用邻接矩阵 A 来表示，有：

$$A = \begin{bmatrix} a_{11} & a_{12} & \cdots & a_{1n} \\ a_{21} & a_{22} & \cdots & a_{2n} \\ \vdots & \vdots & \ddots & \vdots \\ a_{n1} & a_{n2} & \cdots & a_{nn} \end{bmatrix} \qquad (4-1)$$

如果忽略互动关系的强度，仅考虑有无，则：

$$a_{ij} = \begin{cases} 1 & \text{如果节点 } i \text{ 与节点 } j \text{ 相连，且 } i \neq j \\ 0 & \text{其他} \end{cases} \qquad (4-2)$$

式 4-2 中，如果 $a_{ij} = a_{ji}$，则网络成员的互动关系是对称的，对应的网络为无向 0-1 网络，否则，网络为有向 0-1 网络。由于有些网络指标计算是针对 0-1 网络设计的，在未特别指明的情况下，本研究将获得的网络进行对称化处理，社会网络指标计算都是针对相应的无向 0-1 网络进行的。

一　度中心性

度中心性（Degree Centrality）包括绝对中心性和相对中心性。网络节点 i 的绝对中心性定义为与点 i 直接相连的其他节点（关系）的个数，用符号 $C_{AD}(i)$ 表示。对于有向 0-1 网络，度中心性又分为出度中心性（Out-degree Centrality）和入度中心性（In-degree Centrality），计算公式分别为：

$$d_{out}(i) = \sum_{j=1}^{n} a_{ij} \qquad (4-3)$$

$$d_{in}(j) = \sum_{i=1}^{n} a_{ij} \qquad (4-4)$$

显然，一个节点度的最大值依赖于图的规模，如果网络的规模为 n 时，节点度的最大值不会超过 $n-1$，即：$d_{out}(i) \leq n-1$，$d_{in}(i) \leq n-1$。因此，当网络规模不同的时候，很难对不同网络节点的度进行比较。为了弥补这一局限，弗里曼（Freeman, 1979）提出了对局部中心性的相对测度，即点的相对中心性。对有向 0-1 网络，有：

$$C_{RD}(i) = (d_{out}(i) + d_{in}(i))/(2n-2) \qquad (4-5)$$

若是对无向 0-1 网络，式 4-5 简化为：

$$C_{RD}(i) = C_{AD}(i)/(n-1) \qquad (4-6)$$

式 4-6 中，n 是网络规模。$C_{RD}(i)$ 的值越大，i 越可能处于核心位置；其值越小，i 越孤立。由于度中心性的定义仅考虑与节点直接的互动关系，而忽略间接相连的节点，因此，所测量的中心性称为"局部中心性"（Local Centrality）。

表 4 - 1 至表 4 - 6 分别给出了中小企业员工工作关系网络、社会交往网络、上司意愿网络、工作替代网络、发展促进网络和离职讨论网络的度中心性。

表 4 - 1　工作关系网络度中心性

调查地	指标	出度				入度			
		最小值	最大值	均值	标准差	最小值	最大值	均值	标准差
YZ 公司	C_{AD}	20	118	48.87	20.96	20	118	48.87	20.96
	C_{RD}	16.95	100.00	41.42	17.76	16.95	100.00	41.42	17.76
BD 公司	C_{AD}	4	62	14.10	14.06	4	62	14.10	14.06
	C_{RD}	6.45	100.00	22.73	22.68	6.45	100.00	22.73	22.68
SL 公司	C_{AD}	4	51	17.65	12.18	4	51	17.65	12.18
	C_{RD}	7.84	100.00	34.62	23.88	7.84	100.00	34.62	23.88
YB 公司	C_{AD}	12	101	29.57	13.78	12	101	29.57	13.78
	C_{RD}	11.8	100.00	29.28	13.64	11.88	100.00	29.28	13.64

注：C_{AD} 是绝对值，C_{RD} 是相对值。相对度为百分数（单位为%），表 4 - 2 至表 4 - 6 同。
资料来源：《2009 年西安市组织结构与团队绩效调查》。

表 4 - 1 表明了 4 个公司工作联系网络的度中心性，这些网络均为对称网络。从最小值可以看出，无论是哪个公司，都不存在孤立点，表明在公司中不存在完全独立工作的员工，他们都或多或少地与公司内其他人员存在工作关系。从最大值来看，4 个公司内都存在某个（或某些）人员与公司内几乎全部员工都有工作关系，进一步调查发现，拥有最大度值的这些人往往是公司经理或其他行政人员。从相对均值来看，YZ 公司拥有较大的相对均值，表明该公司员工在日常工作中与他人的联系多于其他公司，其次为 SL 公司、YB 公司和 BD 公司。

表 4 - 2　社会交往网络度中心性

调查地	指标	出度				入度			
		最小值	最大值	均值	标准差	最小值	最大值	均值	标准差
YZ 公司	C_{AD}	0	78	11.77	10.45	0	78	11.77	10.45
	C_{RD}	0.00	66.10	9.97	8.86	0.00	66.10	9.97	8.86
BD 公司	C_{AD}	10	62	36.35	12.44	10	62	36.35	12.44
	C_{RD}	16.13	100.00	58.63	20.07	16.13	100.00	58.63	20.07

续表

调查地	指标	出度				入度			
		最小值	最大值	均值	标准差	最小值	最大值	均值	标准差
SL 公司	C_{AD}	1	32	4.96	4.95	1	32	4.96	4.95
	C_{RD}	1.96	62.75	9.73	9.71	1.96	62.75	9.73	9.71
YB 公司	C_{AD}	0	26	6.31	4.82	0	26	6.31	4.82
	C_{RD}	0.00	25.74	6.25	4.77	0.00	25.74	6.25	4.77

资料来源：《2009 年西安市组织结构与团队绩效调查》。

表 4-2 表明了 4 个公司社交网络的度中心性，为对称网络。从最小值可以看出，YZ 公司和 YB 公司的最小值均为零，表明在这两个公司中存在孤立节点，他们不与公司中其他人存在社交活动。BD 公司无论在相对最小值、相对最大值还是均值上都高于其他公司，表明该公司的社交氛围更为活跃，公司内的员工更积极地参加非正式的社交活动。

表 4-3 上司意愿网络度中心性

调查地	指标	出度				入度			
		最小值	最大值	均值	标准差	最小值	最大值	均值	标准差
YZ 公司	C_{AD}	0	11	1.82	2.07	0	30	1.82	4.94
	C_{RD}	0.00	9.32	1.55	1.75	0.00	25.42	1.55	4.18
BD 公司	C_{AD}	0	25	5.13	5.16	0	17	5.13	3.82
	C_{RD}	0.00	40.32	8.27	8.32	0.00	27.42	8.27	6.15
SL 公司	C_{AD}	0	6	1.00	1.44	0	7	1.00	1.48
	C_{RD}	0.00	11.77	1.96	2.83	0.00	13.73	1.96	2.90
YB 公司	C_{AD}	0	101	2.30	9.90	0	26	2.30	3.44
	C_{RD}	0.00	100.00	2.28	9.81	0.00	25.74	2.28	3.40

资料来源：《2009 年西安市组织结构与团队绩效调查》。

表 4-3 表明了上司意愿网络的度中心性。从出度最小值可以看出，无论是哪个公司，都存在孤立点，表明在公司中存在这样的员工，他们不愿意公司中的任何人成为他们的顶头上司；而入度最小值同样表明，公司中存在某些员工，公司中的其他员工都不愿意他们成为自己的顶头上司。从出度最大值来看，YB 公司存在某个员工，他愿意公司内的任何人成为他的顶头上司。进一步分析附图 1-4 中 YB 公司上司意愿网络拓扑结构图，可以发现，

该员工（节点42）愿意任何人成为他的上司，而公司内没有人愿意他成为自己的顶头上司。去除该节点，重新计算度中心性，出度最大值为7（相对值为7.00%），入度最大值为25（相对值为25.00%），出度均值为1.33（相对值为1.33%）。在去除YB公司的42号节点后，数据表明BD公司在相对出度最大值、相对入度最大值和相对均值上都高于其他公司。

表4-4　工作替代网络度中心性

调查地	指标	出度				入度			
		最小值	最大值	均值	标准差	最小值	最大值	均值	标准差
YZ 公司	C_{AD}	0	27	1.94	4.17	0	5	1.94	1.28
	C_{RD}	0.00	22.88	1.65	3.53	0.00	4.24	1.65	1.08
BD 公司	C_{AD}	0	62	2.81	7.76	1	29	2.81	4.56
	C_{RD}	0.00	100.00	4.53	12.52	1.61	46.77	4.53	7.36
SL 公司	C_{AD}	0	51	2.02	7.02	0	7	2.02	1.55
	C_{RD}	0.00	100.00	3.96	13.76	0.00	13.73	3.96	3.04
YB 公司	C_{AD}	0	14	1.42	2.35	0	6	1.42	1.40
	C_{RD}	0.00	13.86	1.41	2.33	0.00	5.94	1.41	1.39

资料来源：《2009年西安市组织结构与团队绩效调查》。

表4-4表明了工作替代网络的度中心性。从出度最小值可以看出，4个公司中都存在孤立点，表明在公司中存在这样的员工，他们认为任何人都不可能接替他的工作。数据还表明，只有BD公司的入度最小值不为零，说明该公司中所有人都具备接替他人工作的能力。从最大值来看，BD公司和SL公司的相对出度最大值均为100%，说明这两个公司中都存在员工认为公司内的其他任何人都可能接替自己。从相对均值来看，BD公司的指标数据最大，说明在该公司内，员工工作的相互接替可能性最大。

表4-5　发展促进网络度中心性

调查地	指标	出度				入度			
		最小值	最大值	均值	标准差	最小值	最大值	均值	标准差
YZ 公司	C_{AD}	0	118	5.04	15.35	2	31	5.04	4.91
	C_{RD}	0.00	100.00	4.27	13.01	1.70	26.27	4.27	4.16
BD 公司	C_{AD}	0	30	3.02	4.13	0	25	3.02	4.89
	C_{RD}	0.00	48.39	4.86	6.66	0.00	40.32	4.86	7.89

调查地	指标	出度				入度			
		最小值	最大值	均值	标准差	最小值	最大值	均值	标准差
SL 公司	C_{AD}	0	51	1.52	7.03	0	4	1.52	0.89
	C_{RD}	0.00	100.00	2.98	13.78	0.00	7.84	2.98	1.74
YB 公司	C_{AD}	0	101	4.88	14.26	2	19	4.88	2.71
	C_{RD}	0.00	100.00	4.83	14.12	1.98	18.81	4.83	2.68

资料来源:《2009 年西安市组织结构与团队绩效调查》。

表 4 - 5 表明了发展促进网络的度中心性。从出度最小值可以看出,无论是哪个公司,都存在孤立点,表明在公司中存在这样的员工,他们认为公司内没有人能够在未来的发展上对他有所促进。YZ 公司和 YB 公司的入度最小值不为零,说明这两个公司内的所有员工都或多或少地对他人的未来发展有所促进。从相对出度最大值来看,除了 BD 公司以外,其他公司都为100%,说明这 3 个公司内都有人认为所有人都对他未来的发展有促进作用。然而,BD 公司在均值指标上却拥有相对较大的值,说明该公司员工在未来的发展上相互促进的普遍性更强。

表 4 - 6 离职讨论网络度中心性

调查地	指标	出度				入度			
		最小值	最大值	均值	标准差	最小值	最大值	均值	标准差
YZ 公司	C_{AD}	0	10	1.78	1.98	0	14	1.78	2.10
	C_{RD}	0.00	8.48	1.51	1.68	0.00	11.86	1.51	1.78
BD 公司	C_{AD}	0	10	2.51	2.08	0	32	2.51	5.15
	C_{RD}	0.00	16.13	4.05	3.35	0.00	51.61	4.05	8.31
SL 公司	C_{AD}	0	51	15.46	18.12	8	21	15.46	3.21
	C_{RD}	0.00	100.00	30.32	35.54	15.67	41.18	30.32	6.29
YB 公司	C_{AD}	0	10	1.23	1.92	0	9	1.23	1.39
	C_{RD}	0.00	9.90	1.21	1.90	0.00	8.91	1.21	1.37

资料来源:《2009 年西安市组织结构与团队绩效调查》。

表 4 - 6 表明了离职讨论网络的度中心性。从出度最小值可以看出,无论是哪个公司,都存在孤立点,表明在公司中都有人不愿意和任何人讨论他的离职问题。SL 公司的入度最小值不为零,说明该公司每个人都

可能参与到他人的离职讨论中。从相对出度最大值来看，SL 公司的指标为 100%，说明该公司内有人可能和任何人讨论他的离职问题。从相对均值来看，SL 公司的相对均值最大，说明该公司内相互讨论离职问题的普遍性更强。

进一步的研究发现，在 4 个公司中，工作联系网络（正式关系网络）的相对平均度要普遍高于相应的非正式关系网络，这说明公司员工之间正式的工作联系是他们互动的主要内容；在非正式关系网络中，社会交往网络的平均度又要高于工作替代网络、上司意愿网络、发展促进网络和离职讨论网络等，这说明社会交往在公司员工非正式互动中占有重要地位。需要说明的是，SL 公司的离职讨论网络相对平均度指标仅小于工作联系网络，说明在该公司中，员工与他人讨论自己离职问题的意愿较为普遍。

分别对比 4 个公司的各个网络，数据指标发现 BD 公司除了工作联系网络和离职讨论网络外，在其他 4 个网络中均具有较高的相对平均度，说明该公司相对其他公司更为活跃，员工之间的互动或互动的意愿更多、更强。

二　无标度特征

节点的度反映了网络成员个体的交际能力，也从侧面反映网络成员占有网络资源的情况。一般而言，节点的度越大，说明其交际能力越强，占有的网络资源也较多。无标度特征反映的就是网络节点度分布情况。BA 模型通过两种机制揭示网络节点度分布无标度特征的形成机理，一是通过不断增加节点，二是节点之间的连接通过偏好依附的原则来实现。依据上述步骤，我们得到网络满足幂律度分布，即：

$$p(k) \sim k^{\alpha} \tag{4-7}$$

BA 模型中 $\alpha = -3$，相关研究对该模型改进后，α 的取值范围扩大了（Newman，2003）。但值仍为负，且 α 的值越大，表明 $p(k)$ 随 k 的增大却下降得越慢，即弹性较小。

无标度分布检验的常用方法和处理策略是：对形如 $p(k) \sim k^{\alpha}$ 的幂律分布做稍微的变形，即考察其对数形式 $\log p(k) \sim \log k$ 的相关关系（Albert and Barabàsi，2002）。显然，如果 $\log p(k) \sim \log k$ 满足线性关系，

回归系数为 α，则 $p(k) \sim k^{\alpha}$ 成立；进而借助统计线性回归来判断是不是存在显著的线性关系，从而间接说明相应的分布是不是符合幂律分布，并估计相应的 α 值。但是随着无标度特征研究的深入和估计技术的发展，特别是小样本情况成为一个困难的问题。虽然 Clauset 等人基于 Kolmogorov-Smirnov 统计和极大似然估计提出了相应的估计策略，但是在实际操作中还是难以实现（Clauset et al.，2009）。有鉴于此，本研究主要通过度分布的描述来总结中小企业员工社会网络度分布的规律。

图 4 - 1 至图 4 - 4 分别给出了 YZ 公司、BD 公司、SL 公司和 YB 公司工作关系网络、社会交往网络、上司意愿网络、工作替代网络、发展促进网络、离职讨论网络出度和入度分布情况，其中左侧图为入度，右侧图为出度。由于网络规模不大，因此，对其度分布情况进行定量研究的意义不大而且也比较困难，因此，本研究主要针对其分布情况进行定量分析。

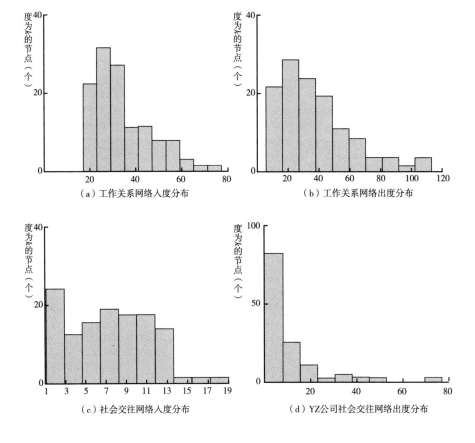

（a）工作关系网络入度分布　　（b）工作关系网络出度分布
（c）社会交往网络入度分布　　（d）YZ公司社会交往网络出度分布

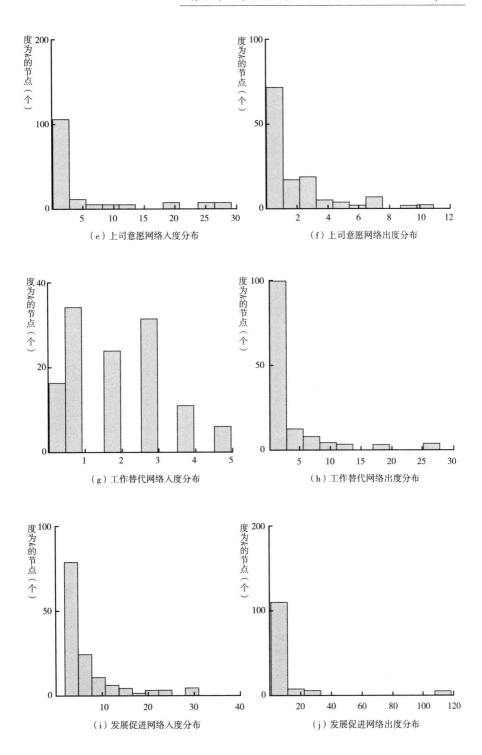

（e）上司意愿网络入度分布

（f）上司意愿网络出度分布

（g）工作替代网络入度分布

（h）工作替代网络出度分布

（i）发展促进网络入度分布

（j）发展促进网络出度分布

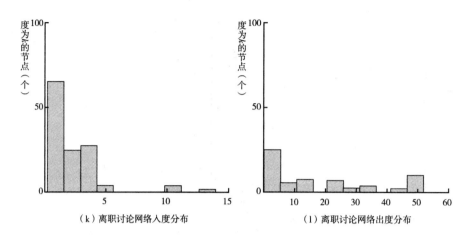

（k）离职讨论网络入度分布　　　　　（l）离职讨论网络出度分布

图 4 – 1　YZ 公司度分布

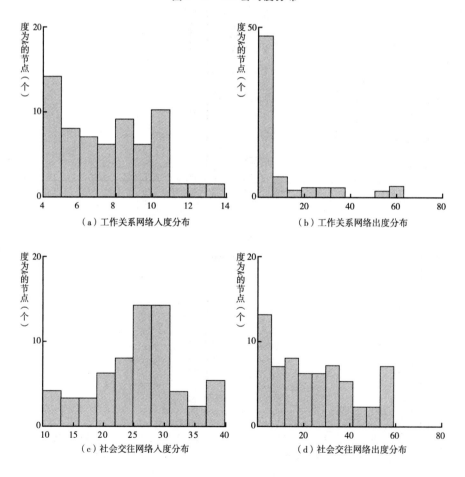

（a）工作关系网络入度分布　　　　　（b）工作关系网络出度分布

（c）社会交往网络入度分布　　　　　（d）社会交往网络出度分布

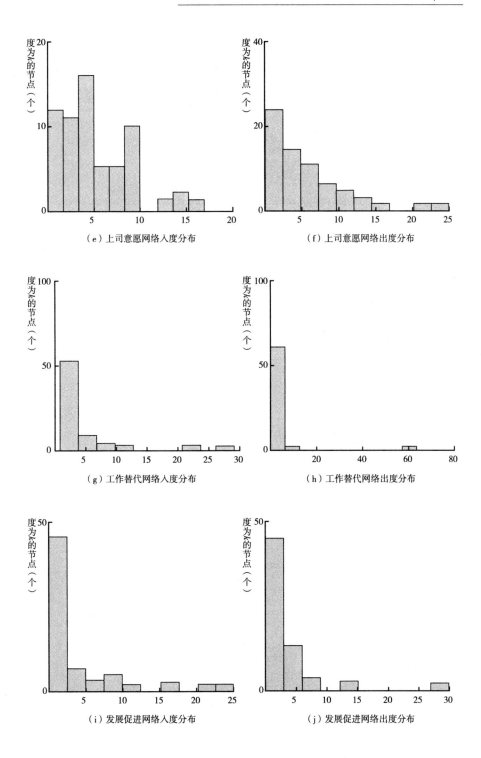

（e）上司意愿网络入度分布

（f）上司意愿网络出度分布

（g）工作替代网络入度分布

（h）工作替代网络出度分布

（i）发展促进网络入度分布

（j）发展促进网络出度分布

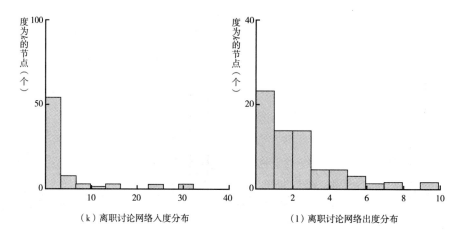

（k）离职讨论网络入度分布　　　　　　（l）离职讨论网络出度分布

图 4 - 2　BD 公司度分布

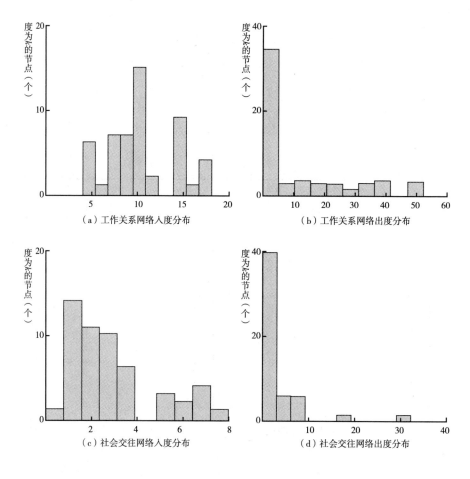

（a）工作关系网络入度分布　　　　　　（b）工作关系网络出度分布

（c）社会交往网络入度分布　　　　　　（d）社会交往网络出度分布

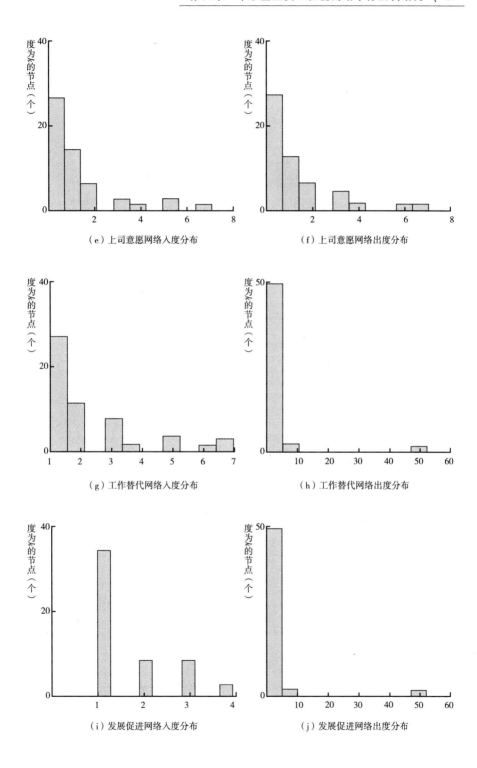

（e）上司意愿网络入度分布

（f）上司意愿网络出度分布

（g）工作替代网络入度分布

（h）工作替代网络出度分布

（i）发展促进网络入度分布

（j）发展促进网络出度分布

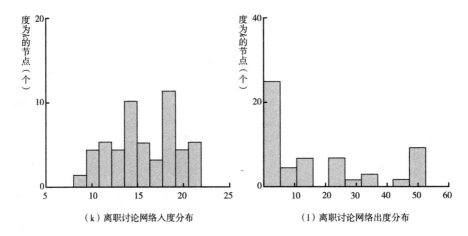

（k）离职讨论网络入度分布　　　　　（l）离职讨论网络出度分布

图4-3　SL公司度分布

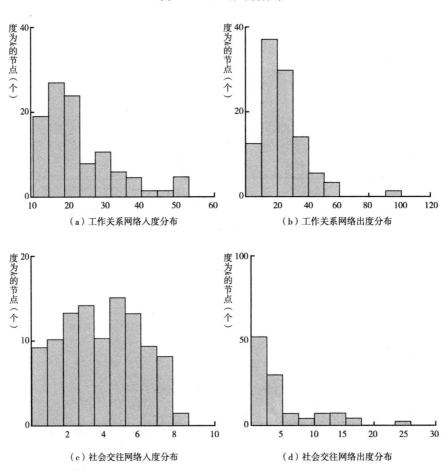

（a）工作关系网络入度分布　　　　　（b）工作关系网络出度分布

（c）社会交往网络入度分布　　　　　（d）社会交往网络出度分布

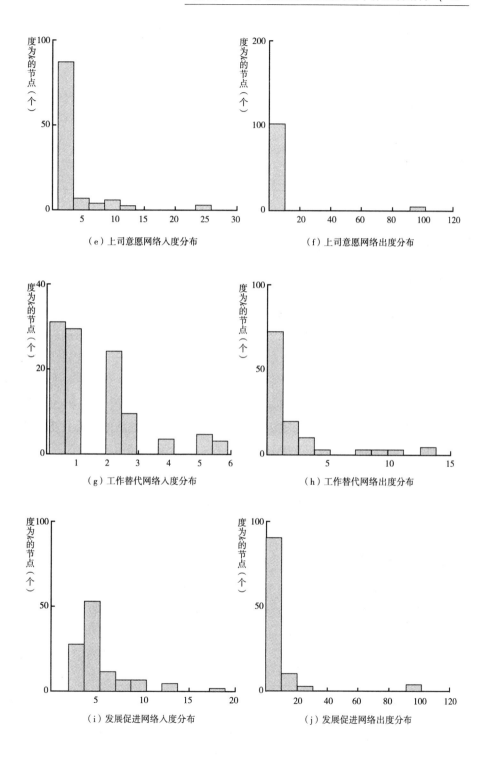

（e）上司意愿网络入度分布

（f）上司意愿网络出度分布

（g）工作替代网络入度分布

（h）工作替代网络出度分布

（i）发展促进网络入度分布

（j）发展促进网络出度分布

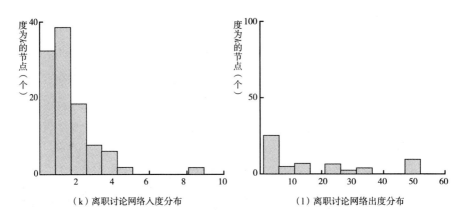

（k）离职讨论网络入度分布　　　　　（l）离职讨论网络出度分布

图 4 - 4　YB 公司度分布

分析结果如下。

第一，多数网络的出度和入度的度分布存在显著的不同。具体表现如下：一是出度的离散程度明显大于入度，表明中小企业员工在关系的扩张方面强于被动的接受；二是大体反映了随着度的增大，相应的节点在减少，即少数员工拥有较多的资源，而大量员工拥有较少的资源。

第二，正式关系网络即工作关系网络的离散程度远高于非正式关系网络。表明在企业中，正式关系或工作关系占主导地位，关系的多元化更为明显，而非正式社会关系处于次要地位，不仅关系少而且较为集中。

第二节　连接倾向性

一　同配系数

连接倾向性主要反映网络中节点度分布与其直接相连节点（邻居节点）度分布之间的关系。对于对称 0 - 1 网络，我们可以用同配系数 r 来度量网络节点的连接倾向性（Julian et al. , 2007）：

$$r = \frac{M^{-1}\sum_i j_i k_i - \left[\frac{1}{2}M^{-1}\sum_i(j_i + k_i)\right]^2}{M^{-1}\sum_i(j_i^2 + k_i^2) - \left[\frac{1}{2}M^{-1}\sum_i(j_i + k_i)\right]^2} \qquad (4 - 8)$$

式 4 - 8 中，$i = 1, 2, \cdots, M$，表示网络中的边，j_i 和 k_i 分别表示边 i 两端

节点的度。

若 $r > 0$，则称网络节点连接是同配的，或有同配连接倾向；若 $r < 0$，网络则表现出异配连接倾向。由于公司员工在互动交往过程中主动参与和被动加入的情况不同，因此本研究获得的社会网络数据都是非对称 $0-1$ 网络。作为探索性研究，本研究仅考虑公司员工是否参与建立相应的互动关系，而忽略这些关系的方向和强度，同配系数 r 的分析仅限于 $0-1$ 对称网络。

二 分析结果

表 $4-7$ 提供了中小企业员工社会网络同配系数的结果。

表 4 - 7　中小企业社会网络同配系数

调查地	工作关系网络	社会交往网络	上司意愿网络	工作替代网络	发展促进网络	离职讨论网络
YZ 公司	- 0.15	- 0.10	- 0.28	- 0.29	- 0.38	0.20
BD 公司	- 0.54	- 0.25	- 0.02	- 0.42	- 0.29	- 0.30
SL 公司	- 0.44	- 0.26	0.07	- 0.41	- 0.55	- 0.47
YB 公司	- 0.07	- 0.13	- 0.37	0.08	- 0.34	- 0.22

资料来源：《2009 年西安市组织结构与团队绩效调查》。

表 $4-7$ 的结果显示，与其他社会网络的同配系数 r 普遍大于零不同，本研究社会网络中的同配系数均小于零或者接近零。这说明，本研究调查的多数网络中，关系多的公司员工并不倾向于相互建立关系，而是更倾向于与关系少的员工建立关系。这一点与前面的网络节点度分布是一致的，即在本研究中涉及的多数中小企业中，由于企业结构的特殊分层结构，使得同层结构公司员工之间的互动关系很少，因此不会在结构上出现所谓的"富人俱乐部"，即网络中关系较多的"核心节点"员工之间存在较为密切的互动关系，在相关社会活动中处于主导地位，并导致对应的中小企业员工社会网络出现分层，进而可能会使得这些"核心节点"员工在社会分层过程中处于较有利的位置。

第三节　居中中心性

一 分析方法

网络节点 i 的绝对居中中心性设为 C_{ABi}，计算公式为：

$$C_{ABi} = \sum_{j}^{n} \sum_{k}^{n} b_{jk}(i) \qquad j \neq k \neq i \text{ 且 } j < k \qquad (4-9)$$

式 4-9 中, g_{jk} 表示节点 j 和 k 之间存在的测地线(距离)数目, $b_{jk}(i)$ 表示节点 i 能够控制节点 j 和 k 的交往能力, 即 i 处于节点 j 和 k 的测地线上的概率。节点 j 和 k 存在的经过点 i 的测地线数目用 $g_{jk}(i)$ 来表示, 而 $b_{jk}(i) = g_{jk}(i)/g_{jk}$。

居中中心性测量的是行动者对资源控制的程度。如果一个点处于许多其他节点对之间的测地线(最短的途径)上, 就说明该点具有较高的居中中心性。

在星形网络下, 节点居中中心性的最大值为 $C_{\max} = (n^2 - 3n + 2)/2$, 所以节点 i 的相对居中中心性的计算公式为:

$$C_{RBi} = \frac{2C_{ABi}}{n^2 - 3n + 2} \qquad (4-10)$$

式 4-10 中, C_{RBi} 的取值范围在 0 和 1 之间, 且该值可用于比较不同网络图中点的居中中心性。

二 分析结果

表 4-8 至表 4-13 提供了各公司网络的居中中心性指标。

表 4-8 工作关系网络居中中心性

调查地	指标	工作关系网络			
		最小值	最大值	均值	标准差
YZ 公司	C_{AB}	0.23	386.18	34.56	70.40
	C_{RB}	0.003	5.59	0.50	1.02
BD 公司	C_{AB}	0.00	322.03	23.95	72.57
	C_{RB}	0.00	17.03	1.27	3.84
SL 公司	C_{AB}	0.00	166.04	16.67	38.07
	C_{RB}	0.00	13.02	1.31	2.99
YB 公司	C_{AB}	0.00	1230.18	35.72	125.29
	C_{RB}	0.00	24.36	0.71	2.48

注: C_{AB} 是绝对值, C_{RB} 是相对值。相对值为百分数(单位为%), 表 4-8 至表 4-12 同。
资料来源:《2009 年西安市组织结构与团队绩效调查》。

表 4-8 表明了工作关系网络的居中中心性。对比不同公司的工作关系网发现, SL 公司的居中中心性相对均值最大, 说明该公司员工在工作联系

上更多地需要将他人作为桥梁；而 YZ 公司居中中心性相对均值最小，说明该公司员工在工作联系上需要将他人作为桥梁的比例较小。

表 4 - 9　社会交往网络居中中心性

调查地	指标	社会交往网络			
		最小值	最大值	均值	标准差
YZ 公司	C_{AB}	0.00	2442.81	100.91	268.07
	C_{RB}	0.00	35.39	1.46	3.88
BD 公司	C_{AB}	0.10	52.15	12.83	14.43
	C_{RB}	0.005	2.76	0.68	0.76
SL 公司	C_{AB}	0.00	687.47	39.19	101.38
	C_{RB}	0.00	53.92	3.07	7.95
YB 公司	C_{AB}	0.00	1047.68	74.40	172.77
	C_{RB}	0.00	20.75	1.47	3.42

资料来源：《2009 年西安市组织结构与团队绩效调查》。

表 4 - 9 表明了社交网络的居中中心性。对比不同公司的社会交往网络可以发现，SL 公司的居中中心性相对均值最大，说明该公司员工易于成为他人社会交往的桥梁；而 BD 公司的居中中心性相对均值最小，说明该公司员工不易成为他人社会交往的桥梁。

表 4 - 10　上司意愿网络居中中心性

调查地	指标	上司意愿网络			
		最小值	最大值	均值	标准差
YZ 公司	C_{AB}	0.00	32.78	2.14	6.26
	C_{RB}	0.00	0.24	0.02	0.05
BD 公司	C_{AB}	0.00	579.40	62.43	111.93
	C_{RB}	0.00	15.32	1.65	2.96
SL 公司	C_{AB}	0.00	16.00	0.85	2.80
	C_{RB}	0.00	0.63	0.03	0.11
YB 公司	C_{AB}	0.00	76.00	2.69	10.39
	C_{RB}	0.00	0.75	0.03	0.10

资料来源：《2009 年西安市组织结构与团队绩效调查》。

表 4 – 10 表明了上司意愿网络的居中中心性。对比不同公司的上司意愿网络可以发现，BD 公司的居中中心性相对均值最大，说明该公司员工在被他人认可为上司的过程中，处于桥梁位置的比例较大；而 YZ 公司的居中中心性相对均值最小，说明该公司员工在被他人认可为上司的过程中，处于桥梁位置的比例较小。

表 4 – 11　工作替代网络居中中心性

调查地	指标	工作替代网络			
		最小值	最大值	均值	标准差
YZ 公司	C_{AB}	0.00	948.08	60.71	172.12
	C_{RB}	0.00	6.87	0.44	1.25
BD 公司	C_{AB}	0.00	59.00	4.38	12.86
	C_{RB}	0.00	1.56	0.12	0.34
SL 公司	C_{AB}	0.00	26.50	2.60	6.57
	C_{RB}	0.00	1.04	0.10	0.26
YB 公司	C_{AB}	0.00	57.50	2.34	6.74
	C_{RB}	0.00	0.57	0.02	0.07

资料来源：《2009 年西安市组织结构与团队绩效调查》。

表 4 – 11 表明了工作替代网络的居中中心性。对比不同公司的工作替代网络可以发现，YZ 公司的居中中心性相对均值最大，说明该公司员工在替代他人的过程中，需要将第三者作为桥梁的比例较大；而 YB 公司的居中中心性相对均值最小，说明该公司员工在替代他人的过程中，需要将第三者作为桥梁的比例较小。

表 4 – 12　发展促进网络居中中心性

调查地	指标	发展促进网络			
		最小值	最大值	均值	标准差
YZ 公司	C_{AB}	0.00	8182.02	150.01	767.82
	C_{RB}	0.00	59.26	1.09	5.56
BD 公司	C_{AB}	0.00	288.68	22.84	52.42
	C_{RB}	0.00	7.63	0.60	1.39
SL 公司	C_{AB}	0.00	8.00	0.44	1.68
	C_{RB}	0.00	0.31	0.02	0.07
YB 公司	C_{AB}	0.00	4768.21	145.10	555.70
	C_{RB}	0.00	47.21	1.44	5.50

资料来源：《2009 年西安市组织结构与团队绩效调查》。

表4-12对比不同公司的发展促进网络可以发现，YB公司的居中中心性相对均值最大，说明该公司员工在群体内帮助他人发展的过程中，更多的是需要将他人作为桥梁；SL公司的居中中心性相对均值最小，说明该公司员工在群体内帮助他人发展的过程中，需要将他人作为桥梁的比例较小。

表4-13　离职讨论网络居中中心性

调查地	指标	离职讨论网络			
		最小值	最大值	均值	标准差
YZ公司	C_{AB}	0.00	395.50	20.20	58.14
	C_{RB}	0.00	2.87	0.15	0.42
BD公司	C_{AB}	0.00	181.67	13.49	31.65
	C_{RB}	0.00	4.80	0.36	0.84
SL公司	C_{AB}	0.00	177.44	23.25	39.12
	C_{RB}	0.00	6.96	0.91	1.53
YB公司	C_{AB}	0.00	25.00	2.18	5.35
	C_{RB}	0.00	0.258	0.02	0.05

资料来源：《2009年西安市组织结构与团队绩效调查》。

表4-13表明了离职讨论网络的居中中心性。对比不同公司的离职讨论网络可以发现，SL公司的居中中心性相对均值最大，说明该公司员工在群体中介入他人之间进行离职讨论的比例较大；YB公司的居中中心性相对均值最小，说明该公司员工在群体中介入他人之间进行离职讨论的比例较小。

对比同一公司不同网络可以发现，YZ公司社会交往网络的指标最大，上司意愿网络的指标最小；BD公司上司意愿网络的指标最大，工作替代网络的指标最小；SL公司社会交往网络的指标最大，发展促进网络的指标最小；YB公司社会交往网络的指标最大，而离职讨论网络的指标最小。

不同公司在不同网络中具有不同的中心性，这意味着他们在群体中具有不同的"权力"结构。除了YZ公司的工作关系网络，都有少数员工的中心性为零，即处于孤立状态，他们没有任何"权力"可言。总体而言，YZ公司、SL公司和YB公司在社会交往网络中的指标较大，表明其中对社交关系有控制能力的人数比例较大；而YZ公司、BD公司和YB公司在离职讨论网络中的指标相对较小，表示其中对员工离职意愿有控制能力的人数比例较小。

总之，与非正式关系网络相比，工作关系网络的平均居中中心性的均值和标准差均不大，说明在正式的工作交往互动中，信息传递不会被少数人控制，这将有助于公司正式工作的开展。

图4-5表明了YZ公司的频数分布。对比该公司不同网络的频数分布，可以发现相对居中中心性为0%频数最少的是工作关系网络，而最大的是上司意愿网络。这说明其员工在工作关系中无"权力"的人最少，而在上司意愿网中无"权力"的人最多。社会交往网络中相对居中中心性大于1%的频数要多于其他网络，说明公司员工在该网络中起重要桥梁作用的人数较多。

图4-6表明了BD公司的频数分布。对比该公司不同网络的频数分布，可以发现相对居中中心性为0%频数最少的是社会交往网络，而最大的是工作替代网络。这说明其员工在社会交往联系中起中间桥梁作用的人数较多，而在工作替代网络中起中间桥梁作用的人数较少。上司意愿网络中相对居中中心性大于1%的频数要多于其他网络，说明公司员工在该网络中起重要桥梁作用的人数较多。

图4-7表明了SL公司的频数分布。对比该公司不同网络的频数分布可以发现，相对居中中心性为0%频数最少的是工作联系网络，而最大的是发展促进网络。这说明其员工在工作联系网络中无"权力"的人最少，而在发展促进网络中无"权力"的人最多。社会交往网络中相对居中中心性大于1%的频数要多于其他网络，说明公司员工在该网络中起重要桥梁作用的人数较多。

图4-8表明了YB公司的频数分布。对比该公司不同网络的频数分布可以发现，相对居中中心性为0%频数最少的是工作联系网络，而最大的是上司意愿网络。这说明其员工在工作联系中起中间桥梁作用的人数较多，而在上司意愿网络中起中间桥梁作用的人数较少。社会交往网络中相对居中中心性大于1%的频数要多于其他网络，说明公司员工在该网络中起重要桥梁作用的人数较多。

总体来说，对比不同公司的所有网络可以发现，相对居中中心性的频数主要集中在0.1%以内，尤其以0%~0.01%为主。另外，除了YZ公司的工作联系网络以外，其他所有网络中都存在"零权力"的员工。对比不同公司的同一网络，指标表明在工作联系网络和社会交往网络中，没有"权力"的人数一般要小于其他非正式关系网络。

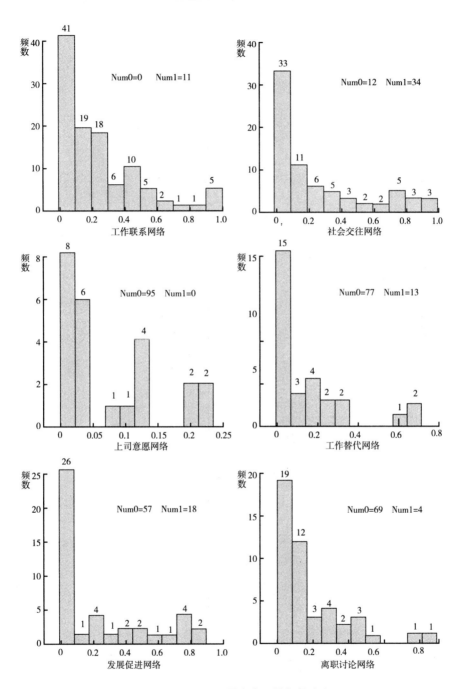

图 4 - 5　YZ 公司居中中心性频数分布

注：图中横坐标表示相对居中中心性，为百分数（单位为%）。Num0 表示相对居中中心性为 0% 的频数，Num1 表示相对居中中心性大于 1% 的频数。图 4 - 6 至图 4 - 9 同。

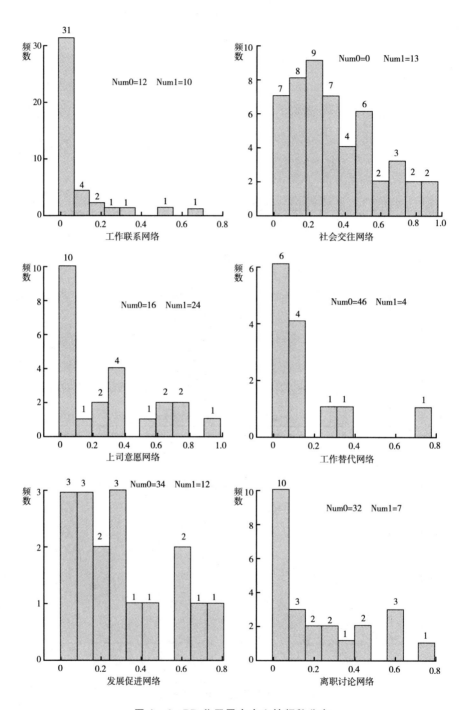

图 4 - 6　BD 公司居中中心性频数分布

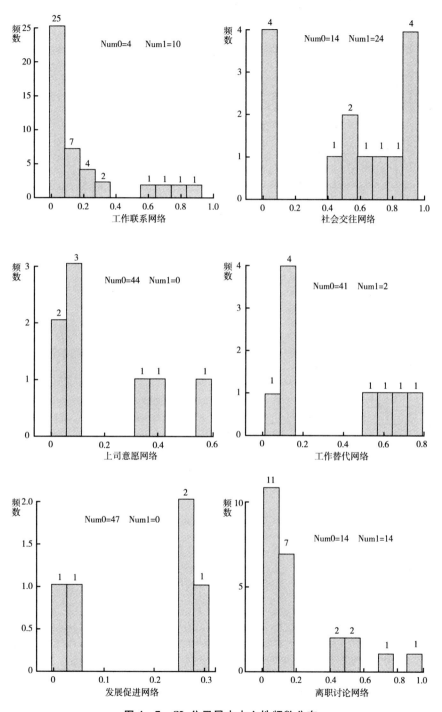

图 4 - 7 SL 公司居中中心性频数分布

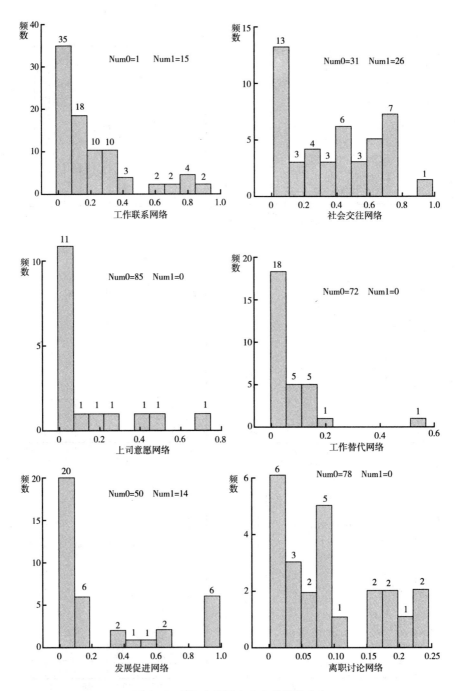

图 4 - 8　YB 公司居中中心性频数分布

第四节　结构洞

一　结构洞指标

图 4 - 9 中，社会网络中的节点 3、5、7 与 8 和节点 12 直接相连，但这些节点相互之间不发生直接联系，节点 12 处于结构洞的位置。

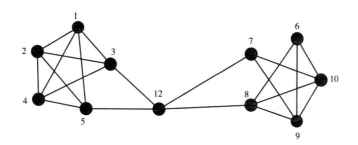

图 4 - 9　结构洞图例

结构洞对于网络成员具有重要意义。网络节点的结构洞越多，充当"信息桥"的竞争者的关系优势就越大，获得潜在利益的机会就越多；同时结构洞越多，说明非重复性的信息源越多，因此拥有信息优势和控制优势。网络中的组织和个体成员都要争取占据结构洞位置，并且为保持结构洞存在的自身优势而不能让图 4 - 9 中的节点 3、5、7 与 8 直接联系起来。结构洞的计算存在两类方法：一类是 Borgatti 的个体中心性，即居中中心性（Borgatti and Everett，1999）；另一类是 Burt 的结构洞计算方法（Burt，1992）。本节采用 Burt 的结构洞计算方法，全面揭示中小企业员工社会网络的"信息桥"特点。结构洞的计算包括 4 个方面：有效规模（Effective Size）、效率（Efficiency）、限制度（Constraint）和等级度（Hierarchy）。

1. 有效规模

有效规模指的是个体网的规模（Size）减去网络的冗余度（Redundancy），即有效规模等于网络中的非冗余因素。计算公式为：

$$ES_i = \sum_j \left(1 - \sum_q p_{iq} m_{jq} \right) \qquad q \neq i, j \qquad (4 - 11)$$

式 4 - 11 中，j 代表与节点 i 相连的所有节点，节点 q 是除了 i 和 j 之外的其他节点。括号内部的式子 $p_{iq}m_{jq}$ 表示节点 i 和特定节点 j 之间的冗余度，p_{iq} 表示节点 i 投入到节点 q 的关系所占比例，对于 0 - 1 值而言，它等于常数 $1/n$，n 为网络规模。因此，式 4 - 11 可以简化为：

$$ES_i = n - \frac{1}{n} \sum_j \sum_q m_{jq} \qquad\qquad q \neq i, j \qquad\qquad (4 - 12)$$

从式 4 - 12 可以看出，有效规模也等于个体网规模减去个体网络的成员（不包括核心点）的平均度数。

2. 效率

一个节点 i 的效率 E_i 等于该点的有效规模除以该点在个体网络的实际规模，即：

$$E_i = ES_i / k_i \qquad\qquad (4 - 13)$$

式 4 - 13 中，k_i 为节点 i 的度。

3. 限制度

一个点的限制度指的是该点在自己的网络中在多大程度上拥有运用结构洞的能力或协商的能力。计算公式为：

$$C_{ij} = \left(p_{ij} + \sum_q p_{iq}p_{qj} \right)^2 \qquad\qquad (4 - 14)$$

式 4 - 14 中，p_{iq} 表示在节点 i 的全部关系中，投入到节点 q 的关系占总关系的比例。

4. 等级度

等级度指的是限制性在多大程度上围绕一个行动者展开，或者说集中在一个行动者身上。节点 i 在网络中的等级度的计算公式为：

$$H_i = \frac{\sum_j \left(\dfrac{C_{ij}}{\frac{C}{N}} \right) \ln \left(\dfrac{C_{ij}}{\frac{C}{N}} \right)}{N \ln(N)} \qquad\qquad (4 - 15)$$

式 4 - 15 中，N 是 i 的个体网络中的点数，即 i 的个体网规模；C/N 是每个点的限制度的均值；分母代表最大可能的总和值。一般而言，等级度越高，说明该点越居于网络的核心，其控制力也就越大；反之，控制力越小。

二　分析结果

表 4 – 14 提供了 4 个中小企业员工的社会网络的有效规模。

表 4 – 14　中小企业员工社会网络有效规模

调查地	网络类型	最小值	最大值	均值	标准差
YZ 公司	工作关系网络	1.50	70.71	16.30	14.33
BD 公司		1.00	49.68	6.65	11.93
SL 公司		1.00	34.35	6.99	8.92
YB 公司		1.00	72.43	10.70	10.45
YZ 公司	社会交往网络	0.00	63.79	5.75	7.81
BD 公司		1.40	26.65	11.06	6.83
SL 公司		1.00	28.03	3.38	4.16
YB 公司		0.00	21.52	3.61	3.54
YZ 公司	上司意愿网络	0.00	25.47	2.83	4.47
BD 公司		0.00	20.88	6.20	4.24
SL 公司		0.00	6.43	1.71	1.54
YB 公司		1.00	96.95	3.24	9.87
YZ 公司	工作替代网络	0.00	28.14	2.50	3.61
BD 公司		1.00	57.52	3.76	7.94
SL 公司		1.00	47.94	2.52	6.52
YB 公司		0.00	11.00	1.79	1.92
YZ 公司	发展促进网络	1.00	112.16	5.94	14.70
BD 公司		0.00	27.19	4.23	5.21
SL 公司		1.00	48.54	2.29	6.60
YB 公司		1.00	93.78	5.68	12.93
YZ 公司	离职讨论网络	0.00	12.47	2.53	2.25
BD 公司		0.00	30.39	3.75	4.72
SL 公司		1.13	30.99	9.97	9.95
YB 公司		0.00	8.27	1.73	1.84

资料来源：《2009 年西安市组织结构与团队绩效调查》。

表 4 – 14 数据显示，就工作关系网络这类正式网络而言，每个员工至少与其他员工有一种工作关系，且 4 个公司中，YZ 公司和 YB 公司的有效规模较大，BD 公司和 SL 公司的较小；在非正式关系网络方面，都有公司的员工没有网络成员的情况，相比较而言，在社会交往、上司意愿和工作替代关系方面，BD 公司的有效规模都高于其他 3 个公司；在发展促进关系方面，YZ 公司和 YB 公司较好；而在离职讨论方面，SL 公司的有效网络规模则远远高于其他 3 个公司网络。因此，总体来看，YZ 公司和 YB 公司的工作关系更为紧密，凝聚

力更强，相对而言，SL 公司的员工离职讨论较多，具有较高的不稳定性。

表 4 - 15 给出了中小企业员工社会网络的效率指标。数据显示，总体而言，中小企业员工的正式关系网络的效率低于非正式关系网络；具体而言，BD 公司的工作关系效率略强一些。对比 4 个公司中，在非正式关系网络方面，BD 公司的员工在社会交往方面效率最低；SL 公司的上司意愿网络和发展促进网络效率最高，而在工作替代方面和离职讨论方面的效率最低。不过，尽管从表 4 - 14 中可以看出，SL 公司的离职讨论的有效规模较高，但讨论的低效率有可能减轻员工的离职倾向。

表 4 - 15　中小企业员工社会网络效率

调查地	网络类型	最小值	最大值	均值	标准差
YZ 公司	工作关系网络	0.06	0.60	0.29	0.13
BD 公司		0.11	0.80	0.31	0.18
SL 公司		0.11	0.66	0.30	0.16
YB 公司		0.07	0.71	0.30	0.14
YZ 公司	社会交往网络	0.11	1.00	0.51	0.26
BD 公司		0.09	0.42	0.28	0.08
SL 公司		0.28	1.00	0.69	0.20
YB 公司		0.17	1.00	0.58	0.24
YZ 公司	上司意愿网络	0.33	1.00	0.81	0.22
BD 公司		0.45	1.00	0.73	0.14
SL 公司		0.50	1.00	0.91	0.16
YB 公司		0.33	1.00	0.62	0.21
YZ 公司	工作替代网络	0.33	1.00	0.71	0.25
BD 公司		0.28	1.00	0.64	0.21
SL 公司		0.33	1.00	0.63	0.25
YB 公司		0.33	1.00	0.76	0.25
YZ 公司	发展促进网络	0.36	0.95	0.51	0.11
BD 公司		0.33	1.00	0.70	0.20
SL 公司		0.33	1.00	0.76	0.25
YB 公司		0.25	0.92	0.51	0.11
YZ 公司	离职讨论网络	0.25	1.00	0.84	0.19
BD 公司		0.50	1.00	0.76	0.18
SL 公司		0.12	0.61	0.33	0.15
YB 公司		0.33	1.00	0.83	0.22

资料来源：《2009 年西安市组织结构与团队绩效调查》。

表 4 - 16 给出了中小企业员工社会网络的限制度指标。数据显示，在工作关系这种正式网络方面，YZ 公司和 YB 公司的限制度较低，说明公司员工工作关系协调、交流顺畅，与其他非正式关系相比，正式关系的限制度较低。对于非正式关系，SL 公司的员工在社会交往、工作替代和发展促进方面都受到更大的限制，而在离职讨论方面受到的限制比其他 3 个公司都小。因此，总体而言，SL 公司员工非正式社会网络的发展受到很大限制。相比之下，SL 公司的员工可能更应加强企业文化建设，通过非正式社会关系的建立，增强员工之间的凝聚力和向心力。

表 4 - 16　中小企业员工社会网络限制度

调查地	网络类型	最小值	最大值	均值	标准差
YZ 公司	工作关系网络	0.04	0.19	0.09	0.03
BD 公司		0.09	0.77	0.40	0.18
SL 公司		0.09	0.77	0.30	0.16
YB 公司		0.04	0.28	0.15	0.05
YZ 公司	社会交往网络	0.06	1.13	0.39	0.24
BD 公司		0.09	0.42	0.28	0.08
SL 公司		0.15	1.13	0.65	0.30
YB 公司		0.16	1.13	0.57	0.28
YZ 公司	上司意愿网络	0.10	1.13	0.72	0.33
BD 公司		0.45	1.00	0.73	0.14
SL 公司		0.20	1.39	0.73	0.32
YB 公司		0.12	1.13	0.87	0.27
YZ 公司	工作替代网络	0.07	1.13	0.75	0.28
BD 公司		0.13	1.13	0.77	0.29
SL 公司		0.15	1.13	0.87	0.24
YB 公司		0.23	1.24	0.78	0.30
YZ 公司	发展促进网络	0.07	1.39	0.67	0.33
BD 公司		0.11	1.39	0.61	0.32
SL 公司		0.20	1.13	0.94	0.19
YB 公司		0.08	1.39	0.59	0.26
YZ 公司	离职讨论网络	0.20	1.39	0.64	0.29
BD 公司		0.09	1.39	0.61	0.31
SL 公司		0.09	0.47	0.22	0.09
YB 公司		0.17	1.24	0.79	0.29

资料来源：《2009 年西安市组织结构与团队绩效调查》。

　　表4-17给出了中小企业员工社会网络的等级度指标。数据显示，总体而言，4个公司的工作关系的等级度都明显小于非正式关系网络的指标，这表明整体上，在工作关系方面没有多大的控制。而在非正式关系网络方面，SL公司在社会交往、上司意愿、工作替代和发展促进等方面都具有较高的控制度，而在离职讨论方面没有太多的控制，这种情况仍然不利于公司的非正式社会关系的发展，从长远来看，可能会影响到公司正式关系网络的稳定与持久。

表4-17　中小企业员工社会网络等级度

调查地	网络类型	最小值	最大值	均值	标准差
YZ 公司	工作关系网络	0.00	0.03	0.01	0.01
BD 公司		0.00	0.26	0.04	0.07
SL 公司		0.00	0.12	0.03	0.03
YB 公司		0.00	0.03	0.01	0.01
YZ 公司	社会交往网络	0.00	1.00	0.06	0.16
BD 公司		0.00	0.03	0.01	0.01
SL 公司		0.00	1.00	0.14	0.29
YB 公司		0.00	1.00	0.15	0.29
YZ 公司	上司意愿网络	0.00	1.00	0.42	0.46
BD 公司		0.00	1.00	0.15	0.26
SL 公司		0.00	1.00	0.43	0.48
YB 公司		0.00	1.00	0.24	0.37
YZ 公司	工作替代网络	0.00	1.00	0.28	0.40
BD 公司		0.00	1.00	0.26	0.36
SL 公司		0.00	1.00	0.31	0.43
YB 公司		0.00	1.00	0.30	0.43
YZ 公司	发展促进网络	0.00	0.54	0.08	0.09
BD 公司		0.00	1.00	0.15	0.27
SL 公司		0.00	1.00	0.53	0.47
YB 公司		0.00	0.44	0.06	0.08
YZ 公司	离职讨论网络	0.00	1.00	0.23	0.36
BD 公司		0.00	1.00	0.15	0.27
SL 公司		0.00	0.12	0.04	0.04
YB 公司		0.00	1.00	0.42	0.46

　　资料来源：《2009年西安市组织结构与团队绩效调查》。

　　总之，通过结构洞的有效规模、效率、限制度和等级度指标，我们可以看出 YZ 公司和 YB 公司的社会网络结构更利于公司的发展与稳定，而 SL 公司的结构则不利于该公司的长远发展。

本章小结

　　本章分析了中小企业员工社会网络的个体层次结构，得出如下结论。

　　度中心性和居中中心性指标从不同侧面揭示了中小企业社会网络的"权力"特点。无论是正式网络还是非正式网络，都有一部分企业员工与其他员工有较少联系，他们在群体中没有"权力"，难以获得网络资源。

　　中小企业员工社会网络节点度的无标度特征虽没有得到严格的证明，但从度分布中可以看出大体呈现出的幂律分布，这种分布意味着在中小企业员工中具有"核心节点"，这些"核心节点"具有两面性：一方面，他们的社会交往多，能够在工作和社会交往中获取更多的信息和资源；另一方面，中小企业员工社会网络具有异配连接的倾向，即不会形成"富人俱乐部"，其结果有利于避免"核心节点"对资源独占的不利后果。

　　中小企业员工社会网络的非连通性决定了其社会网络的结构洞。结构洞的出现表明企业部分员工在群体社会交往中充当"信息桥"的角色，在网络资源获取中具有支配作用。社会交往网络、上司意愿网络、工作替代网络和发展促进网络都具有较大的有效规模、较高的效率，受到较少的限制，这些特点会对企业的发展具有促进作用，反之在离职讨论方面受到较少限制，则这种结构将不利于企业的发展。

　　正式关系和非正式关系网络结构在个体层次上存在显著差异。在正式的工作关系网络中，企业员工的中心性整体上高于非正式社会网络。这是由于作为公司的工作人员，工作联系是员工们互动的核心内容。而在非正式关系网络中，社会交往网络也表现出较高的中心性，是对正式关系的有益补充。

　　总之，本章从中心性、结构洞和度分布角度分析了中小企业员工社会网络的个体层次结构特点，对深入理解中小企业员工的正式和非正式组织行为具有指导意义。

第五章 中小企业员工社会
网络小团体结构

由于工作部门和企业层级结构的因素，企业员工很容易形成"小团体"结构。本章将从三方关系、凝聚子群以及复杂网络社群结构探测等社会网络中观结构分析视角，剖析中小企业员工互动关系中的"小团体"现象。首先，从三方关系来分析中小企业员工社会网络小团体结构的密集程度；其次，通过派系结构和结构对等性分别分析小团体的凝聚重叠和结构位置；再次，从结构优化的角度即社群结构探测来分析小团体；最后，是本章小结。

第一节 三方关系

一 三方关系及其同构类

二方关系是网络分析的基本单位。如图 5 - 1 所示，有向二方关系有三种同构类：单向关系、互惠关系和虚无关系（刘军，2004）。（注：本书的网络数据均为有向 0 - 1 网络，因此，二方和三方关系均按照有向网络计算，对于无向网络，可能的二方关系只有两种，而三方关系有 $2^3 = 8$ 种。）单向关系和互惠关系的数目占所有可能的二方关系总数的比例反映了网络成员间单向交流和双向互动状况。比例越高，表明网络成员间的联系越多；虚无关系则相反，该种关系占所有可能的二方关系总数的比例越高，说明网络成员间的联系和互动就越少。

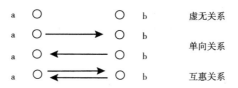

图 5 - 1　有向网络二方关系同构类

　　三方关系揭示网络中任意三个节点之间的互动关系，是最基本的小团体。三方关系中任意两个个体之间的关系都是二方关系，即三方关系是由二方关系组成的。在有向网络中，三人关系所有可能的关系结构有 $4^3 = 64$ 种，其中同构类却只有 16 种。三方关系同构类如图 5 - 2 所示。

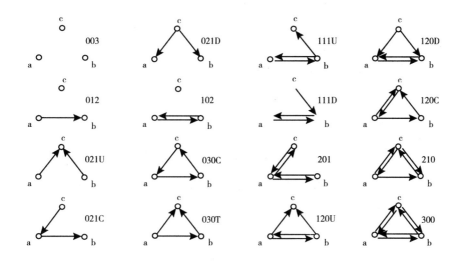

图 5 - 2　有向网络 16 种三方关系同构类

　　社会网络分析中，常用三个数字表示三方关系同构类。第一个数字代表互惠对的个数，第二个数字代表单向对的个数，第三个数字代表虚无对的个数。对于相似的三方关系，其后加一个字母来区分：T 表示传递（transitivity）关系，C 表示循环（cycle）关系，D 表示向下（down）关系，U 表示向上（up）关系。如 030T 表示具有单向传递关系的三方关系，030C 表示具有单向循环关系的三方关系。分析三方关系同构类，是把整体网络还原为 16 种统计量，从而简化对整体网络结构的分析（Brief and Motowidlo,

1986)。三人关系中互动的二方关系越多，表明网络成员在该群体中的认同感和归属感越强，他们的观念越容易在该群体中传播或被他人影响。

二　分析结果

表5-1至表5-8提供了4个中小企业公司员工社会网络的三方关系分布。由于工作关系和社会交往具有相互性或对称性，因此在处理数据时把这两个网络进行了对称化。即本研究中采用的6个网络中，工作关系网络、社会交往网络是无向网络，而上司意愿网络、工作替代网络、发展促进网络和离职讨论网络是有向网络。

数据显示，工作关系网络三人关系比例较大，具体反映在具有003同构类的比例较小。除此之外，4个公司具有相同的其他同构类，即102、201、300，分别代表具有一个互惠对、两个互惠对和三个互惠对的比例。其他12个同构类比例为零。对比4个公司，YZ公司除003以外的三方关系同构类比例最大，表明该公司的小团体较多，这可能由于工作分工更细所致。相比之下，BD公司的比例较小，表明该公司在工作关系方面形成的小团体数量较少。

对于非正式社会网络，即社会交往网络、上司意愿网络、工作替代网络、发展促进网络和离职讨论网络而言，社会交往网络的三方关系结构（除003外）是最多的，表明中小企业员工除工作关系较多以外，社会交往关系也占相当大的比例，尤其是BD公司，该公司的社会交往关系比例远高于工作关系比例，说明良好的社会交往关系有可能促进正式的工作关系。

而对于上司意愿网络、工作替代网络、发展促进网络，则相对比较稀疏，即除003以外的三方关系同构类比例极小，表明在这些方面，中小企业员工不太可能形成小团体，即使有，比例也不大。上述网络与相应的随机网络的三方关系构成差异显著，由此也说明，不能简单使用随机网络模型对这些网络进行分析。

特别值得一提的是SL公司的离职讨论网络，003的比例很小，只有27.9%，这一比例低于该公司的工作关系网络，即近七成的比例代表各种类型的三方关系同构类。这表明该公司员工在离职讨论方面非常活跃，可能形成具有各种不同结构的小团体，由于讨论内容是离职，因此，过多这样的小团体可能对公司的稳定性和公司绩效都会有所影响。

表5-1　YZ公司三方关系分布

类型	工作关系网络 三方组数量(n_i)	期望值(e_i)	$(n_i-e_i)/e_i$	社会交往网络 三方组数量(n_i)	期望值(e_i)	$(n_i-e_i)/e_i$	上司意愿网络 三方组数量(n_i)	期望值(e_i)	$(n_i-e_i)/e_i$
3-102	42155	17413.13	1.42	14025	2363.97	4.93	111	184.33	-0.40
16-300	4302	143.69	28.94	111	0.01	8009.99	0	0.00	-1.00
1-003	64535	36891.22	0.75	203921	187915.84	0.09	250618	249390.90	0.00
4-021D	18664	17413.13	0.07	4374	2363.97	0.85	189	184.33	0.03
5-021U	4300	17413.13	-0.75	436	2363.97	-0.82	1387	184.33	6.52
9-030T	6987	13814.12	-0.49	799	306.16	1.61	149	5.79	24.75
12-120D	3879	2739.74	0.42	288	9.91	28.05	0	0.05	-1.00
13-120U	7402	2739.74	1.70	501	9.91	49.54	1	0.05	21.02
2-012	70584	87799.20	-0.20	45907	73011.89	-0.37	21169	23486.94	-0.10
14-120C	2498	5479.48	-0.54	105	19.83	4.30	0	0.09	-1.00
15-210	9206	2173.48	3.24	227	1.28	175.81	0	0.00	-1.00
6-021C	5680	34826.26	-0.84	924	4727.95	-0.80	190	368.66	-0.48
7-111D	7008	13814.12	-0.49	394	306.16	0.29	2	5.79	-0.65
8-111U	20872	13814.12	0.51	1686	306.16	4.51	3	5.79	-0.48
10-030C	133	4604.71	-0.97	5	102.05	-0.95	0	1.93	-1.00
11-201	5614	2739.74	1.05	116	9.91	10.7	0	0.05	-1.00
	卡方:264418.96***			卡方:1044731.38***			卡方:11768.14***		

资料来源:《2009年西安市组织结构与团队绩效调查》。

表5-2 YZ公司三方关系分布（续）

类型	工作替代网络			发展促进网络			离职讨论网络		
	三方组数量 (n_i)	期望值 (e_i)	$(n_i-e_i)/e_i$	三方组数量 (n_i)	期望值 (e_i)	$(n_i-e_i)/e_i$	三方组数量 (n_i)	期望值 (e_i)	$(n_i-e_i)/e_i$
3-102	1677	208.03	7.06	2416	1259.42	0.92	3009	176.19	16.08
16-300	2	0.00	368525.18	10	0.00	5999.71	4	0.00	1233544.2
1-003	250100	247879.45	0.01	228246	210704.16	0.08	252941	249932.57	0.01
4-021D	844	208.03	3.06	10311	1259.42	7.19	169	176.19	-0.04
5-021U	44	208.03	-0.79	902	1259.42	-0.28	198	176.19	0.12
9-030T	78	6.96	10.21	521	112.43	3.63	37	5.40	5.85
12-120D	8	0.06	136.46	67	2.51	25.70	12	0.04	288.86
13-120U	28	0.06	480.11	178	2.51	69.94	13	0.04	313.01
2-012	20741	24875.89	-0.17	26693	56430.22	-0.53	17175	22987.29	-0.25
14-120C	8	0.12	67.73	113	5.02	21.52	3	0.08	35.23
15-210	11	0.00	5649.24	134	0.22	597.20	3	0.00	2362.63
6-021C	156	416.07	-0.63	502	2518.83	-0.80	157	352.37	-0.55
7-111D	3	6.96	-0.57	157	112.43	0.40	46	5.40	7.52
8-111U	118	6.96	15.96	3224	112.43	27.68	44	5.40	7.15
10-030C	0	2.32	-1.00	3	37.48	-0.92	1	1.80	-0.44
11-201	1	0.06	16.18	342	2.51	135.3	7	0.04	168.08
	卡方:830044.64 ***			卡方:374675.92 ***			卡方:4997971.30 ***		

资料来源:《2009年西安市组织结构与团队绩效调查》。

表 5 - 3 BD 公司三方关系分布

类型	工作关系网络			社会交往网络			上司意愿网络		
	三方组数量 (n_i)	期望值 (e_i)	$(n_i - e_i)/e_i$	三方组数量 (n_i)	期望值 (e_i)	$(n_i - e_i)/e_i$	三方组数量 (n_i)	期望值 (e_i)	$(n_i - e_i)/e_i$
3 - 102	442	1119.08	-0.61	3455	2452.38	0.41	2225	576.81	2.86
16 - 300	75	0.17	444.05	1531	173.30	7.83	17	0.01	1337.80
1 - 003	23239	17550.09	0.32	4854	1775.40	1.73	25787	23659.10	0.09
4 - 021D	5834	1119.08	4.21	4725	2452.38	0.93	550	576.81	-0.05
5 - 021U	134	1119.08	-0.88	1308	2452.38	-0.47	441	576.81	-0.24
9 - 030T	418	326.3	0.28	1818	3328.16	-0.45	144	104.00	0.38
12 - 120D	18	23.79	-0.24	637	1129.17	-0.44	30	4.69	5.40
13 - 120U	789	23.79	32.17	3382	1129.17	2.00	100	4.69	20.33
2 - 012	6851	15351.83	-0.55	6779	7228.24	-0.06	9438	12796.91	-0.26
14 - 120C	23	47.57	-0.52	515	2258.34	-0.77	14	9.38	0.49
15 - 210	109	6.94	14.72	2467	1532.41	0.61	39	0.85	45.15
6 - 021C	304	2238.15	-0.86	792	4904.77	-0.84	313	1153.62	-0.73
7 - 111D	20	326.3	-0.94	1121	3328.16	-0.66	174	104.00	0.67
8 - 111U	1410	326.3	3.32	4787	3328.16	0.44	374	104.00	2.60
10 - 030C	1	108.77	-0.99	15	1109.39	-0.99	2	34.67	-0.94
11 - 201	44	23.79	0.85	1525	1129.17	0.35	63	4.69	12.44
	卡方:92763.43***			卡方:33133.05***			卡方:34473.28***		

资料来源：《2009 年西安市组织结构与团队绩效调查》。

表 5 - 4　BD 公司三方关系分布（续）

类型	工作替代网络			发展促进网络			离职讨论网络		
	三方组数量 (n_i)	期望值 (e_i)	$(n_i - e_i)/e_i$	三方组数量 (n_i)	期望值 (e_i)	$(n_i - e_i)/e_i$	三方组数量 (n_i)	期望值 (e_i)	$(n_i - e_i)/e_i$
3 – 102	258	203.21	0.27	301	230.91	0.3	264	165.25	0.6
16 – 300	0	0.00	– 1.00	0	0.00	– 1.00	0	0.00	– 1.00
1 – 003	32192	30065.73	0.07	30430	29442.29	0.03	31739	30996.66	0.02
4 – 021D	1820	203.21	7.96	502	230.91	1.17	135	165.25	– 0.18
5 – 021U	637	203.21	2.13	687	230.91	1.98	853	165.25	4.16
9 – 030T	148	19.29	6.67	154	23.61	5.52	86	13.93	5.17
12 – 120D	5	0.46	9.92	14	0.6	22.19	2	0.29	5.81
13 – 120U	1	0.46	1.18	6	0.6	8.94	1	0.29	2.41
2 – 012	4504	8562.56	– 0.47	7282	9032.35	– 0.19	6438	7840.14	– 0.18
14 – 120C	1	0.92	0.09	9	1.21	6.45	0	0.59	– 1.00
15 – 210	0	0.04	– 1.00	1	0.06	15.20	2	0.02	79.77
6 – 021C	48	406.43	– 0.88	230	461.83	– 0.50	157	330.51	– 0.52
7 – 111D	15	19.29	– 0.22	59	23.61	1.50	8	13.93	– 0.43
8 – 111U	78	19.29	3.04	36	23.61	0.52	26	13.93	0.87
10 – 030C	0	6.43	– 1.00	0	7.87	– 1.00	0	4.64	– 1.00
11 – 201	4	0.46	7.74	0	0.6	– 1.00	0	0.29	– 1.00
	卡方:17312.08***			卡方:2927.10***			卡方:3846.86***		

资料来源：《2009 年西安市组织结构与团队绩效调查》。

表 5 - 5　SL 公司三方关系分布

类型	工作关系网络			社会交往网络			上司意愿网络		
	三方组数量 (n_i)	期望值 (e_i)	$(n_i-e_i)/e_i$	三方组数量 (n_i)	期望值 (e_i)	$(n_i-e_i)/e_i$	三方组数量 (n_i)	期望值 (e_i)	$(n_i-e_i)/e_i$
3 - 102	708	1095.63	-0.35	744	168.04	3.43	42	23.55	0.78
16 - 300	85	1.49	56.06	2	0.00	2762.96	0	0.00	-1.00
1 - 003	8670	5718.42	0.52	16695	15583.86	0.07	19676	19624.17	0.00
4 - 021D	3812	1095.63	2.48	470	168.04	1.80	39	23.55	0.66
5 - 021U	222	1095.63	-0.80	65	168.04	-0.61	46	23.55	0.95
9 - 030T	656	553.77	0.18	52	20.15	1.58	5	0.94	4.31
12 - 120D	79	69.97	0.13	12	0.60	18.87	0	0.01	-1.00
13 - 120U	899	69.97	11.85	24	0.60	38.74	4	0.01	423.65
2 - 012	5182	8670.83	-0.40	3720	5605.7	-0.34	2265	2354.9	-0.04
14 - 120C	42	139.95	-0.70	3	1.21	1.48	0	0.02	-1.00
15 - 210	219	35.37	5.19	11	0.07	150.9	0	0.00	-1.00
6 - 021C	214	2191.26	-0.90	75	336.07	-0.78	19	47.10	-0.60
7 - 111D	43	553.77	-0.92	28	20.15	0.39	2	0.94	1.12
8 - 111U	1202	553.77	1.17	187	20.15	8.28	2	0.94	1.12
10 - 030C	0	184.59	-1.00	0	6.72	-1.00	0	0.31	-1.00
11 - 201	67	69.97	-0.04	12	0.60	18.87	0	0.01	-1.00
	卡方:29240.43***			卡方:13450.07***			卡方:1777.14***		

资料来源:《2009 年西安市组织结构与团队绩效调查》。

表5-6　SL公司三方关系分布（续）

类型	工作替代网络			发展促进网络			离职讨论网络		
	三方组数量 (n_i)	期望值 (e_i)	$(n_i-e_i)/e_i$	三方组数量 (n_i)	期望值 (e_i)	$(n_i-e_i)/e_i$	三方组数量 (n_i)	期望值 (e_i)	$(n_i-e_i)/e_i$
3-102	169	88.42	0.91	0	52.13	-1.00	1327	1436.79	-0.08
16-300	0	0.00	-1.00	0	0.00	-1.00	532	17.16	30.00
1-003	18507	17343.02	0.07	19516	18432.74	0.06	6173	2530.25	1.44
4-021D	1249	88.42	13.13	1274	52.13	23.44	4464	1436.79	2.11
5-021U	29	88.42	-0.67	10	52.13	-0.81	167	1436.79	-0.88
9-030T	56	7.29	6.68	31	3.20	8.68	535	1250.19	-0.57
12-120D	4	0.15	25.62	0	0.05	-1.00	184	271.96	-0.32
13-120U	5	0.15	32.27	0	0.05	-1.00	1734	271.96	5.38
2-012	2038	4289.79	-0.52	1249	3395.69	-0.63	3288	6604.93	-0.50
14-120C	2	0.30	5.65	0	0.10	-1.00	73	543.91	-0.87
15-210	4	0.01	321.84	0	0.00	-1.00	653	236.64	1.76
6-021C	25	176.85	-0.86	20	104.26	-0.81	150	2873.57	-0.95
7-111D	8	7.29	0.10	0	3.20	-1.00	92	1250.19	-0.93
8-111U	4	7.29	-0.45	0	3.20	-1.00	2518	1250.19	1.01
10-030C	0	2.43	-1.00	0	1.07	-1.00	0	416.73	-1.00
11-201	0	0.15	-1.00	0	0.05	-1.00	210	271.96	-0.23
	卡方:18614.39***			卡方:30463.59***			卡方:44675.10***		

资料来源:《2009年西安市组织结构与团队绩效调查》。

表5-7　YB公司三方关系分布

类型	工作关系网络			社会交往网络			上司意愿网络		
	三方组数量 (n_i)	期望值 (e_i)	$(n_i-e_i)/e_i$	三方组数量 (n_i)	期望值 (e_i)	$(n_i-e_i)/e_i$	三方组数量 (n_i)	期望值 (e_i)	$(n_i-e_i)/e_i$
3-102	41889	9304.04	3.50	6322	647.63	8.76	0	244.4	-1.00
16-300	2518	20.61	121.2	37	0.00	67822.18	0	0.00	-1.00
1-003	63431	38048.46	0.67	141989	135798.20	0.05	154249	149500.08	0.03
4-021D	3229	9304.04	-0.65	736	647.63	0.14	4990	244.40	19.42
5-021U	2071	9304.04	-0.78	144	647.63	-0.78	589	244.40	1.41
9-030T	901	5312.62	-0.83	112	51.64	1.17	166	11.41	13.55
12-120D	1136	758.38	0.50	28	1.03	26.2	0	0.13	-1.00
13-120U	1823	758.38	1.40	162	1.03	156.35	0	0.13	-1.00
2-012	34080	65177.09	-0.48	21306	32486.29	-0.34	11568	20939.22	-0.45
14-120C	613	1516.75	-0.60	8	2.06	2.89	0	0.27	-1.00
15-210	3184	433.03	6.35	57	0.08	693.31	0	0.01	-1.00
6-021C	1870	18608.08	-0.90	286	1295.25	-0.78	138	488.80	-0.72
7-111D	3935	5312.62	-0.26	96	51.64	0.86	0	11.41	-1.00
8-111U	7246	5312.62	0.36	371	51.64	6.18	0	11.41	-1.00
10-030C	56	1770.87	-0.97	2	17.21	-0.88	0	3.80	-1.00
11-201	3718	758.38	3.90	44	1.03	41.74	0	0.13	-1.00
	卡方:510857.70***			卡方:2633665.87***			卡方:99596.30***		

资料来源:《2009年西安市组织结构与团队绩效调查》。

表5-8 YB公司三方关系分布（续）

类型	工作替代网络			发展促进网络			离职讨论网络		
	三方组数量 (n_i)	期望值 (e_i)	$(n_i-e_i)/e_i$	三方组数量 (n_i)	期望值 (e_i)	$(n_i-e_i)/e_i$	三方组数量 (n_i)	期望值 (e_i)	$(n_i-e_i)/e_i$
3-102	1436	96.42	13.89	2193	987.27	1.22	1239	72.22	16.16
16-300	1	0.00	749118.26	7	0.00	3194.07	2	0.00	3650301.80
1-003	159166	157700.74	0.01	137946	127544.24	0.08	160858	159573.1	0.01
4-021D	200	96.42	1.07	9310	987.27	8.43	122	72.22	0.69
5-021U	30	96.42	-0.69	300	987.27	-0.70	58	72.22	-0.20
9-030T	54	2.75	18.62	478	100.30	3.77	21	1.77	10.84
12-120D	9	0.02	457.01	44	2.55	16.27	3	0.01	274.35
13-120U	7	0.02	355.23	243	2.55	94.39	4	0.01	366.13
2-012	10707	13507.89	-0.21	19959	38872.11	-0.49	9281	11759.83	-0.21
14-120C	2	0.04	49.89	36	5.09	6.07	1	0.02	44.89
15-210	2	0.00	3563.78	36	0.26	138.11	5	0.00	18680.33
6-021C	47	192.84	-0.76	185	1974.53	-0.91	70	144.44	-0.52
7-111D	13	2.75	3.72	74	100.30	-0.26	5	1.77	1.82
8-111U	26	2.75	8.44	861	100.30	7.58	30	1.77	15.91
10-030C	0	0.92	-1.00	0	33.43	-1.00	0	0.59	-1.00
11-201	0	0.02	-1.00	28	2.55	9.99	1	0.01	90.78
	卡方:783586.87***			卡方:142118.16***			卡方:7416535.03***		

资料来源：《2009年西安市组织结构与团队绩效调查》。

第二节　派系结构

一　方法与策略

在社会网络分析中，子群是一个相对宽泛的概念。通常测量的是凝聚子群。大体上说，凝聚子群需要满足如下条件：行动者之间的关系相对较强、直接、紧密，且这种关系是经常性的和积极的（Wasserman and Faust，1994）。凝聚子群的考察通常从 4 个方面来进行：一是关系的互惠性；二是关系的可达性；三是子群内部成员间关系的频次，即点的度数；四是子群成员间关系与子群内外成员间关系的对比。本研究在计算凝聚子群时，更关注互惠性，这就要求寻找网络中至少包含三个点的最大完备子图，即派系。因此，本研究把派系作为凝聚子群的操作化定义。

派系结构可以通过子群数量和子群重叠性来度量。子群数量指的是一个网络可以分成的不同子群的数目。子群重叠性是指网络不同子群中所拥有的共同成员，本文称其为重叠成员，其他成员为剩余成员。在分析子群重叠性时，首先要明确子群重叠成员的数量，其次要分析子群重叠成员的特征。子群重叠成员的特征分析是把重叠成员的特征（如文化程度）与剩余成员的特征（如文化程度）进行对比。进行特征分析时要分两种情况：一是分别就每个调查地的子群重叠成员与剩余成员进行比较，分析不同调查地子群重叠成员的特点；二是合并几个调查地来比较总体的重叠成员与剩余成员的特征差异，从整体上把握和了解中小企业社会网络子群重叠成员的特点。在明确子群结构的基础上，我们再进一步分析子群结构对中小企业发展的可能影响。

在确定派系数量时，网络数据需要进行对称化处理。中小企业社会网络是有向图且关系较为稀疏，尤其是非正式社会关系，如离职讨论网络。本研究进行对称化处理采取的原则是：只要两个行动者之间有关系（不管是否互惠），都认为是互惠关系，这样做可能会影响结果的准确性，但不论企业员工的正式工作关系和非正式的社会关系是主动还是被动，都反映了其活跃程度，因此，这样的对称化处理不会对本研究的结论产生实质性影响。为了使 4 个公司员工社会网络的子群数目具有可比性，消除网络规模的影响，本研究对网络的子群数目进行了标准化处理，计算公式为：

$$SN = \frac{N}{\mathrm{int}\,[\,n/3\,]} \qquad\qquad (5-1)$$

式 5-1 中，*SN* 代表标准化后的子群数量相对值，*N* 代表子群数量原始值，*n* 表示网络规模；int［n/3］表示在理想状况下规模为 *n* 的网络分成 3 个成员派系且不重叠的最大派系数；int［］表示取整函数。

通常情况下，子群重叠成员的选择有多种标准，具体采用何种标准需要根据研究的目的来决定。在分析子群重叠性时，由于中小企业不同类型的社会网络关系疏密程度差异较大，工作关系网络的关系明显多于社会交往网络，社会交往网络关系又多于其他非正式关系网络，所以，本研究确定重叠成员标准时基于两个原因：第一，为便于 4 个调查地进行比较使标准统一；第二，考虑到正式关系网络与非正式关系网络的疏密程度不同，采用同一标准难以有效地区分，因此，在选择重叠成员时，正式工作关系网络和非正式关系网络采用了不同的标准。

比较子群重叠成员与剩余成员的特征差异时，本研究采用了 2×2 列联表分析方法。在进行这种分析时，样本量达到 40 以上即可认为是大样本。本研究采用的 4 个被调查公司的网络规模至少在 52 以上，符合列联表分析的样本要求。具体分析时，理论频数大小的不同决定了检验方法的不同。当理论频数小于 1 时，进行费歇尔精确概率检验（用 F 表示）；当理论频数大于 1、小于 5 时，进行连续性卡方检验（用 C 表示）；当理论频数大于 5 时，进行卡方检验（用 LR 表示）。本研究在计算派系数量时采用 UCINET 软件，进行列联表分析时采用 SAS 软件。

二　分析结果

1. 子群数量

表 5-9 提供了 4 个中小企业员工社会网络中的子群数量。

表 5-9　中小企业员工社会网络中的子群数量

网络类型	YZ 公司	BD 公司	SL 公司	YB 公司
工作关系网络	479 (12.08)	12 (0.57)	56 (3.23)	262 (7.71)
社会交往网络	121 (3.05)	958 (45.62)	11 (0.64)	26 (0.77)

续表

网络类型	YZ 公司	BD 公司	SL 公司	YB 公司
上司意愿网络	67 (1.69)	101 (4.81)	6 (0.35)	98 (2.88)
工作替代网络	54 (1.36)	79 (3.76)	27 (1.56)	27 (0.80)
发展促进网络	168 (4.24)	69 (3.29)	23 (1.33)	108 (3.12)
离职讨论网络	43 (1.08)	63 (3.00)	97 (5.60)	21 (0.62)

注：（1）由于 4 个公司不同网络关系的疏密程度不同，因而在计算不同网络派系结构时的标准就不同，即工作关系网络选取至少 10 个成员的派系数量。但因为 YZ 公司工作关系派系数量太大，故在保证可比的情况下适当降低了派系数量，因此，在计算 YZ 公司工作关系网络的派系数量时，我们选取至少 22 个成员的派系数量。对于社会交往网络，我们选取至少 5 个成员的派系数量，而对于其他 4 种非正式关系网络，则选取至少 3 个成员的派系数量。

（2）括号中的数字为标准化处理后的相对值，括号外的数值为派系数目的原始值。

资料来源：《2009 年西安市组织结构与团队绩效调查》。

  表 5 - 9 数据表明，不同类型、不同工作性质中小企业的子群数量具有明显的不同。首先，从工作关系网络来看，YZ 公司的小团体或"派系"结构非常突出，这是由于该公司是电力系统自动化的生产研发，工作地点相对集中，工作流程联系紧密；相对之下，BD 公司主要从事物流、空运等领域的工作，其工作人员分布相对分散，工作联系不太紧密，因此，该公司的小团体数目相对而言较少。

  尽管如此，BD 公司社会交往网络、上司意愿网络、工作替代网络的小团体又明显多于其他 3 个公司。这说明该公司非正式人际互动较为频繁，人际交往更为融洽，这种关系的存在和保持对公司的发展具有较为积极的作用。

  其次，从发展促进网络来看，BD 公司和 SL 公司的小团体更少，这两个公司在个体的长期发展方面有促进作用的网络成员较少，不易形成小团体。

  最后，在离职讨论网络方面，BD 公司和 SL 公司的小团体较多，这一结果表明，这两个公司应积极引导和教育员工为公司工作的精神和企业文化建设，以正确的舆论导向来教育员工，防止在个别员工离职时对公司其他员工起不良的诱导作用。

2. 子群重叠性

（1）子群重叠成员数量。表5-10提供了4个被调查公司员工社会网络子群的重叠成员数量。

表5-10　中小企业员工社会网络子群的重叠成员数量

网络类型	YZ公司	BD公司	SL公司	YB公司
工作关系网络	30	9	16	27
社会交往网络	24	32	5	6
上司意愿网络	11	17	0	6
工作替代网络	7	8	1	3
发展促进网络	16	9	2	14
离职讨论网络	5	8	17	0

注：重叠成员同时出现在6个及以上子群。

资料来源：《2009年西安市组织结构与团队绩效调查》。

从表5-10数据可以看出，在正式工作关系中，YZ公司和YB公司有更多的员工同时处于不同的小团体之间，具有连接和桥梁作用。这些成员在企业运作过程当中举足轻重，公司应当重视和发挥这些员工的积极作用。而在BD公司和SL公司，尤其是BD公司，这样的"关键人物"更少，因此，这些人员的去留对公司的发展会有重大影响。基于此，公司更应在待遇或福利上予以优惠，使他们能更好地为企业工作。

而对于非正式关系网络，YZ公司和BD公司都具有较多的重叠成员，这些成员在非正式的社会关系中更具有威望，公司如何利用这些非正式组织中的重要成员来促进公司的发展，是公司管理者应该考虑的重要问题，也是企业文化建设的重要内容。与其他3个公司相比，SL公司的离职讨论网络重叠成员最多，因此，该公司对这些成员因势利导会对公司的人员稳定起重大作用，相反，人员流失可能是该公司的重大隐患。

（2）子群重叠成员特征。

①公司子群重叠成员特征分析。表5-11和表5-12比较了中小企业员工社会网络子群重叠成员与剩余成员的特征差异。数据显示，就单一公司而言，对于工作关系网络，重叠成员的主要特征表现在年龄和职业阶层，即重

叠成员的年龄更大，主要处于管理阶层，唯一例外的是 SL 公司，该公司的重叠成员与剩余成员没有明显差异。

表 5 - 11　中小企业员工社会网络子群重叠成员特征分析

调查地	特征		工作关系网络			社会交往网络			上司意愿网络		
			重叠	剩余	p 值	重叠	剩余	p 值	重叠	剩余	p 值
YZ 公司	性别	男	21	54	0.355	16	59	0.678	10	65	0.092
		女	9	35	(LR)	8	36	(LR)	1	43	(C)
	年龄	30 岁以下	9	45	0.047	8	46	0.180	0	54	0.001
		30 岁及以上	21	44	(LR)	16	49	(LR)	11	54	(F)
	教育	专科及以下	17	62	0.198	10	69	0.005	2	77	0.002
		本科及以上	13	27	(LR)	14	26	(LR)	9	31	(C)
	婚姻	未婚	2	36	0.001	6	32	0.407	0	38	0.012
		曾婚	28	53	(C)	18	63	(LR)	11	70	(F)
	月收入	3000 元以下	19	68	0.171	12	75	0.006	2	85	0.000
		3000 元及以上	11	21	(LR)	12	20	(LR)	9	23	(C)
	是否党员	是	4	8	0.739	3	9	0.192	2	10	0.681
		否	26	81	(C)	9	98	(C)	9	98	(C)
	职业阶层	管理层	8	10	0.052	7	11	0.044	8	10	0.000
		非管理层	22	79	(LR)	17	84	(LR)	3	98	(C)
BD 公司	性别	男	6	27	0.571	11	22	0.003	11	22	0.231
		女	3	27	(C)	21	9	(LR)	6	24	(LR)
	年龄	30 岁以下	4	32	0.640	17	19	0.512	8	28	0.327
		30 岁及以上	5	22	(C)	15	12	(LR)	9	18	(LR)
	教育	专科及以下	6	31	0.876	17	20	0.713	9	28	0.572
		本科及以上	3	23	(C)	15	21	(LR)	8	18	(LR)
	婚姻	未婚	4	23	1.000	12	15	0.382	6	21	0.458
		曾婚	5	31	(C)	20	16	(LR)	11	25	(LR)
	月收入	3000 元以下	5	47	0.067	25	27	0.545	13	39	0.691
		3000 元及以上	4	7	(C)	7	4	(C)	4	7	(C)
	是否党员	是	2	6	0.699	4	4	1.000	2	6	1.000
		否	7	48	(C)	28	27	(C)	15	40	(C)
	职业阶层	管理层	5	12	0.046	11	6	0.177	7	10	0.132
		非管理层	3	43	(C)	21	25	(LR)	10	36	(LR)

续表

调查地	特征		工作关系网络			社会交往网络			上司意愿网络		
			重叠	剩余	p 值	重叠	剩余	p 值	重叠	剩余	p 值
SL 公司	性别	男	9	19	0.817	4	24	0.446	0	28	/
		女	7	17	(LR)	1	23	(C)	0	24	/
	年龄	30 岁以下	5	19	0.146	0	24	0.054	0	24	/
		30 岁及以上	11	17	(LR)	5	23	(F)	0	28	/
	教育	专科及以下	9	18	0.677	2	25	0.928	0	27	/
		本科及以上	7	18	(LR)	3	22	(C)	0	25	/
	婚姻	未婚	3	12	0.459	0	15	0.305	0	15	/
		曾婚	13	24	(C)	5	32	(F)	0	37	/
	月收入	3000 元以下	3	5	0.974	0	8	1.000	0	8	/
		3000 元及以上	13	31	(C)	5	39	(F)	0	44	/
	是否党员	是	4	9	1.000	1	12	1.000	0	13	/
		否	12	27	(C)	4	35	(C)	0	39	/
	职业阶层	管理层	7	10	0.263	5	12	0.002	0	17	/
		非管理层	9	26	(LR)	0	35	(F)	0	35	/
YB 公司	性别	男	15	53	0.159	1	67	0.026	5	63	0.655
		女	12	22	(LR)	5	29	(C)	1	33	(C)
	年龄	30 岁以下	12	51	0.032	4	59	1.000	1	62	0.056
		30 岁及以上	15	24	(LR)	2	37	(C)	5	34	(C)
	教育	专科及以下	10	16	0.117	2	24	1.000	0	26	0.334
		本科及以上	17	59	(LR)	4	72	(C)	6	70	(F)
	婚姻	未婚	12	39	0.500	3	48	1.000	2	49	0.674
		曾婚	15	36	(LR)	3	48	(C)	4	47	(C)
	月收入	3000 元以下	17	52	0.547	4	65	1.000	1	68	0.021
		3000 元及以上	10	23	(LR)	2	31	(C)	5	28	(C)
	是否党员	是	12	23	0.201	3	32	0.696	3	32	0.696
		否	15	52	(LR)	3	64	(C)	3	64	(C)
	职业阶层	管理层	12	11	0.002	2	21	0.882	5	18	0.002
		非管理层	15	64	(LR)	4	75	(C)	1	78	(C)

资料来源：《2009 年西安市组织结构与团队绩效调查》。

对于非正式关系网络，不同内容、不同性质的网络情况并不相同，YZ 公司重叠成员的特征主要表现在文化程度较高、收入较高，处于管理阶层，而其他 3 个公司则表现在女性为主，年龄更大。BD 公司和 SL 公司的重叠成员与剩余成员没有差异，而 YZ 公司则表现在除政治面貌以外的各个方面，YB 公司体现在年龄更大、收入更高，以管理阶层为主。

表 5 - 12　中小企业员工社会网络子群重叠成员特征分析（续）

调查地	特征		工作替代网络			发展促进网络			离职讨论网络		
			重叠	剩余	p 值	重叠	剩余	p 值	重叠	剩余	p 值
YZ 公司	性别	男	6	69	0.380	14	61	0.057	4	71	0.741
		女	1	43	(C)	2	42	(C)	1	43	(C)
	年龄	30 岁以下	2	52	0.597	1	53	0.002	0	54	0.063
		30 岁及以上	5	60	(C)	15	50	(C)	5	60	(F)
	教育	专科及以下	4	75	0.904	5	74	0.002	1	78	0.079
		本科及以上	3	37	(C)	11	29	(LR)	4	36	(C)
	婚姻	未婚	1	37	0.539	1	37	0.038	0	38	0.176
		曾婚	6	75	(C)	15	66	(C)	5	76	(F)
	月收入	3000 元以下	6	81	0.737	4	83	0.000	2	85	0.234
		3000 元及以上	1	31	(C)	12	20	(C)	3	29	(C)
	是否党员	是	0	12	1.000	3	9	0.429	1	11	1.000
		否	7	100	(F)	13	94	(C)	4	103	(C)
	职业阶层	管理层	0	18	0.593	9	9	0.000	3	15	0.026
		非管理层	7	94	(F)	7	94	(LR)	2	99	(C)
BD 公司	性别	男	8	25	0.005	6	27	0.571	7	26	0.080
		女	0	30	(F)	3	27	(C)	1	29	(C)
	年龄	30 岁以下	1	35	0.019	1	35	0.008	1	35	0.019
		30 岁及以上	7	20	(C)	8	19	(C)	7	20	(C)
	教育	专科及以下	7	30	0.381	6	31	0.876	5	32	1.000
		本科及以上	1	25	(C)	3	23	(C)	3	23	(C)
	婚姻	未婚	2	25	0.478	1	26	0.086	1	26	0.140
		曾婚	6	30	(C)	8	28	(C)	7	29	(C)
	月收入	3000 元以下	2	50	0.000	1	51	0.000	2	50	0.000
		3000 元及以上	6	5	(C)	8	3	(C)	6	5	(C)
	是否党员	是	1	7	1.000	1	7	1.000	1	7	1.000
		否	7	48	(C)	8	47	(C)	7	48	(C)
	职业阶层	管理层	6	11	0.004	9	8	0.000	6	11	0.004
		非管理层	2	44	(C)	0	46	(F)	2	44	(C)

续表

调查地	特征		工作替代网络			发展促进网络			离职讨论网络		
			重叠	剩余	p值	重叠	剩余	p值	重叠	剩余	p值
SL公司	性别	男	1	27	1.000	1	27	1.000	10	18	0.615
		女	0	24	(F)	1	23	(C)	7	17	(LR)
	年龄	30岁以下	0	24	1.000	0	24	0.493	5	19	0.088
		30岁及以上	1	27	(F)	2	26	(F)	12	16	(LR)
	教育	专科及以下	1	26	1.000	2	25	0.491	10	17	0.487
		本科及以上	0	25	(F)	0	25	(F)	7	18	(LR)
	婚姻	未婚	0	15	1.000	0	15	1.000	4	11	0.747
		曾婚	1	36	(F)	2	35	(F)	13	24	(C)
	月收入	3000元以下	0	8	1.000	0	8	1.000	2	6	0.925
		3000元及以上	1	43	(F)	2	42	(F)	15	29	(C)
	是否党员	是	0	13	1.000	0	13	1.000	4	9	1.000
		否	1	38	(F)	2	37	(F)	13	26	(C)
	职业阶层	管理层	0	17	1.000	1	16	1.000	8	9	0.128
		非管理层	1	34	(F)	1	34	(C)	9	26	(LR)
YB公司	性别	男	3	65	0.549	10	58	0.919	0	68	/
		女	0	34	(F)	4	30	(C)	0	34	/
	年龄	30岁以下	1	62	0.670	6	57	0.123	0	63	/
		30岁及以上	2	37	(C)	8	31	(LR)	0	39	/
	教育	专科及以下	2	24	0.323	3	23	0.964	0	26	/
		本科及以上	1	75	(C)	11	65	(C)	0	76	/
	婚姻	未婚	1	50	1.000	7	44	1.000	0	51	/
		曾婚	2	49	(C)	7	44	(LR)	0	51	/
	月收入	3000元以下	2	67	1.000	9	60	0.774	0	69	/
		3000元及以上	1	32	(C)	5	28	(LR)	0	33	/
	是否党员	是	1	34	1.000	6	29	0.475	0	35	/
		否	2	65	(C)	8	59	(LR)	0	67	/
	职业阶层	管理层	1	22	1.000	6	17	0.066	0	23	/
		非管理层	2	77	(C)	8	71	(LR)	0	79	/

资料来源:《2009年西安市组织结构与团队绩效调查》。

对于工作替代网络，重叠成员与剩余成员基本没有差异，只有BD公司的重叠成员主要是男性，年龄更大、收入更高且处于管理阶层。对于发展促进网络和离职讨论网络，只有 YZ 公司和 BD 公司的重叠成员有显著特征，即年龄更大、文化程度更高，位于管理层。因此，稳定和留住小团体中资历较高、学历高和具有管理经验的员工是中小企业长期稳定发展的重要保证。

②4 个被调查公司合并后凝聚子群中重叠成员特征分析。为了从整体层面来分析重叠成员的特征，本研究分别将 4 个被调查公司重叠成员和剩余成员合并在一起以比较他们的特征差异，如表 5 - 13 和表 5 - 14 所示。

表 5 - 13　合并后中小企业员工社会网络子群重叠成员特征分析

特　征		工作关系网络			社会交往网络			上司意愿网络		
		重叠	剩余	p 值	重叠	剩余	p 值	重叠	剩余	p 值
性别	男	51	153	0.752	32	172	0.016	26	178	0.041
	女	31	101	(LR)	35	97	(LR)	8	124	(LR)
年龄	30 岁以下	30	147	0.001	29	148	0.085	9	168	0.001
	30 岁及以上	52	107	(LR)	38	121	(LR)	25	134	(LR)
教育	专科及以下	42	127	0.848	31	138	0.461	11	158	0.026
	本科及以上	40	127	(LR)	36	131	(LR)	23	144	(LR)
婚姻	未婚	21	110	0.004	21	110	0.147	8	123	0.044
	曾婚	61	144	(LR)	46	159	(LR)	26	179	(LR)
月收入	3000 元以下	44	172	0.022	41	175	0.557	16	200	0.030
	3000 元及以上	38	82	(LR)	26	94	(LR)	18	102	(LR)
是否党员	是	22	46	0.095	11	57	0.962	7	61	0.957
	否	60	208	(LR)	44	224	(LR)	27	241	(LR)
职业阶层	管理层	32	43	0.000	25	50	0.002	20	55	0.000
	非管理层	49	212	(LR)	42	219	(LR)	14	247	(LR)

资料来源：《2009 年西安市组织结构与团队绩效调查》。

表 5 - 14　合并后中小企业社会网络子群重叠成员特征分析（续）

特　征		工作替代网络			发展促进网络			离职讨论网络		
		重叠	剩余	p 值	重叠	剩余	p 值	重叠	剩余	p 值
性别	男	18	186	0.000	31	173	0.032	21	183	0.268
	女	1	131	(C)	10	122	(LR)	9	123	(LR)
年龄	30 岁以下	4	173	0.004	18	159	0.007	6	195	0.000
	30 岁及以上	15	144	(C)	33	126	(LR)	24	111	(LR)
教育	专科及以下	14	155	0.032	16	153	0.122	16	153	0.727
	本科及以上	5	162	(LR)	25	142	(LR)	14	153	(LR)

续表

特 征		工作替代网络			发展促进网络			离职讨论网络		
		重叠	剩余	p 值	重叠	剩余	p 值	重叠	剩余	p 值
婚姻	未婚	4	127	0.159	9	122	0.013	5	126	0.006
	曾婚	15	190	（C）	32	173	（LR）	25	180	（LR）
月收入	3000 元以下	10	206	0.284	14	202	0.000	6	210	0.000
	3000 元及以上	9	111	（LR）	27	93	（LR）	24	96	（LR）
是否	是	2	66	0.429	10	58	0.489	6	62	0.973
党员	否	17	251	（C）	31	237	（LR）	24	244	（LR）
职业	管理层	7	68	0.139	25	51	0.000	17	58	0.000
阶层	非管理层	12	249	（LR）	16	244	（LR）	13	248	（LR）

资料来源：《2009 年西安市组织结构与团队绩效调查》。

表 5 - 13 和表 5 - 14 显示，整体而言，工作关系网络的重叠成员主要特征是年龄更大、曾婚、收入更高和处于管理层；社会交往网络的重叠成员主要是女性，且以管理层为主；上司意愿网络的重叠成员除了政治面貌之外的特征均有所体现；工作替代网络的重叠成员以男性为主、年龄更大、文化程度较低；发展促进网络则与文化程度和政治面貌无关，其他均有表现；而有离职倾向的网络成员则以高年龄、曾婚、高收入者和管理层为主。分析不同性质社会网络重叠成员的特征，有助于中小企业有针对性地采取措施，使企业向更好的方向发展。

第三节 结构对等性

一 分析方法

结构对等性是关注两个行动者之间的"互换性"或者"对等性"，其目的是确定两个行动者在多大程度上具有相同的关系截面，即二者与所有其他行动者的关系在多大程度上相同。

CONCOR 是一种迭代相关收敛法。它基于如下事实：如果对一个矩阵的各个行（或者列）之间的相关系数进行重复计算，最终将产生一个仅由 1 和 -1 组成的相关系数矩阵。具体地说，CONCOR 程序开始于一个矩阵，首先，计算矩阵的各个行（或者各个列）的相关系数，得到一个相关系数矩阵（C1）；其次，把系数矩阵 C1 作为输入矩阵，继续计算此矩阵的各个行或者各个列之间的相关系数，这样得到一个新的相关系数矩阵 C2；最后，依次计算。这样经过许多次迭代计算之后，最后的相关系数值不是 1 就是 -1。对矩阵的行和列进行转换，将得到一个如下的简约形式，从而达到简化数据的目的。

1	-1
-1	1

首先，根据皮尔森相关系数找出矩阵中有多少个"块"或"位置"，然后根据某种标准来确定各个位置是 0 - 块还是 1 - 块。本研究采取这样的标准：把各个块的密度与整个矩阵的密度进行比较，如果块的密度大于矩阵的平均密度，则把该值用"1"代替；反之，用"0"代替（Wasserman and Faust，1994）。这样就得到一个新的 0 - 1 矩阵。该矩阵称为原密度矩阵的像矩阵。分块矩阵采用 UCINET 软件计算，为便于比较，无论是支持网络还是讨论网络，都统一设定为四个块。

根据每个位置发送和接受关系的多少，我们可以把位置分为四类：孤立位置，其成员与外界没有任何联系；谄媚位置（Sycophants），其成员与其他位置的成员之间的关系比自己成员的关系多，并且没有接受到多少外来的关系；经纪人位置（Brokers），其成员既发送关系也接受外部关系，其内部成员之间的联系比较少；首属位置（Primary），其成员既接受来自外部成员的关系，也有来自自身成员的关系。

二　分析结果

1. 分块情况及各块成员数

中小企业员工社会网络分块及各块成员数量如表 5 - 15 所示。数据显示，每个公司的社会网络基本上可以分为四个块。对于工作关系网络而言，不同块的人数差异较大，这可能与公司的工作性质有关。而对于非正式关系网络，不同块的人数差异不大，这是因为非正式人际交往更具有平等性。个别网络的子群人数差异过大，如 SL 公司的发展促进网络，表明有一些员工可能被孤立，从而影响个体的发展，进而影响整体公司的发展。

表 5 – 15　中小企业员工社会网络分块情况及各块成员数量

网络类型	YZ 公司		BD 公司		SL 公司		YB 公司	
工作关系	3	40	35	24	26	10	27	26
网络	19	57	3	1	3	13	32	17
社会交往	45	32	25	4	15	22	37	17
网络	23	19	21	13	10	5	29	19
上司意愿	50	20	18	20	14	14	4	23
网络	24	25	14	11	10	14	64	11
工作替代	59	30	4	28	5	3	64	18
网络	11	19	9	22	40	4	15	5
发展促进	12	24	12	17	6	44	16	5
网络	20	63	23	11	2		61	20
离职讨论	32	15	16	26	29	4	51	18
网络	45	27	11	10	13	6	13	20

注：每个方格中的数字代表该网络被分成的块（子群）中的成员数，"左上"的数字代表第一子群的成员数；"右上"的数字代表第二子群的成员数；"左下"数字代表第三子群成员数；"右下"数字代表第四子群成员数。

资料来源：《2009 年西安市组织结构与团队绩效调查》。

2. 像矩阵简化图

图 5 – 3 至图 5 – 8 提供了 4 个中小企业员工社会网络的像矩阵简化图。从这些图中，我们可清晰地看出公司中不同成员位于不同的角色位置。

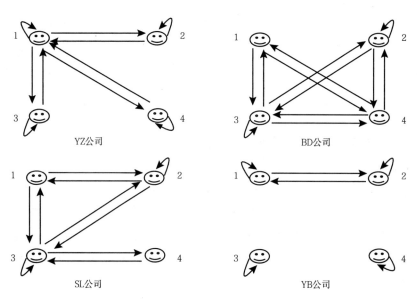

图 5 – 3　中小企业员工工作关系网络

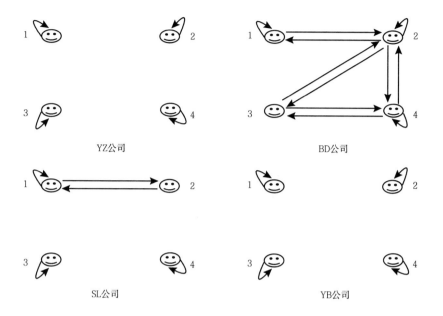

图 5 - 4　中小企业员工社会交往网络

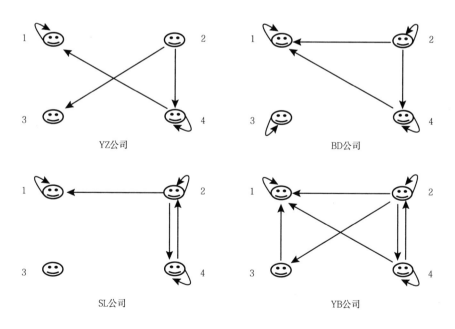

图 5 - 5　中小企业员工上司意愿网络

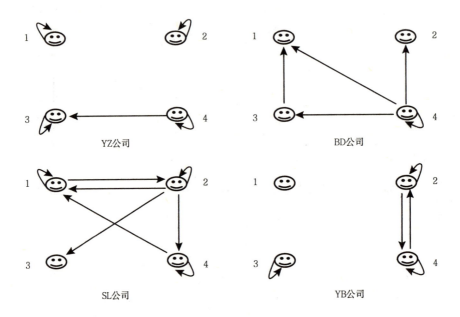

图 5－6　中小企业员工工作替代网络

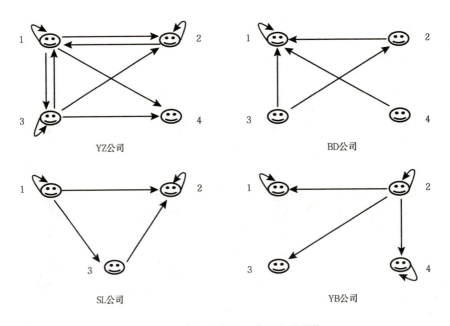

图 5－7　中小企业员工发展促进网络

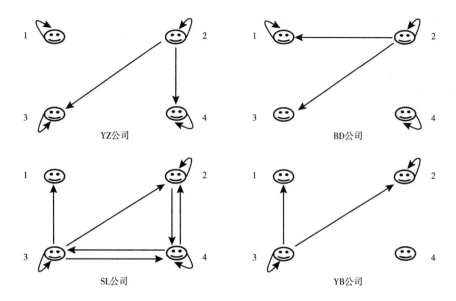

图 5－8　中小企业员工离职讨论网络

　　总体而言，工作关系网络中都有一个子群位于经纪人位置，其成员既与群内成员建立联系，也与其他群的成员建立联系。只有 YB 公司，有两个群处于孤立位置，其成员仅与该群内部成员发生联系，而不与该群之外的其他成员建立关系。而社会交往网络中，除了 BD 公司的子群之间有较多联系之外，其他 3 个公司的位置基本处于孤立状态。

　　上司意愿网络、工作替代网络、发展促进网络和离职讨论网络不同位置中的孤立性更加明显，且不同位置之间的联系更多的是单向联系，尽管如此，对于每个网络，每个公司都有一个子群处于更加有利的位置，支配和控制其他子群。

　　总之，通过结构对等性的分析，我们可以了解不同公司社会网络结构位置的作用和功能，有助于从总体上把握中小企业员工的正式和非正式关系结构。

第四节　社群结构

一　模块性指标

设网络节点集合 V_p、V_q 是 V 的真子集，即 $V_p \neq \phi$、$V_q \neq \phi$，且 $V_p \subset V$、

$V_q \subset V$；若 $V_p \cap V_q = \phi$，则有：$A_{p,q} = (a_{i,j})$，$i \in V_p$，$j \in V_q$，且 $A_{p,q} \subset A$。记 $N = A = \sum\limits_{i=1}^{n} \sum\limits_{j=1}^{n} a_{i,j}$，因此当 $p \neq q$ 时，$A_{p,q} = \sum\limits_{i \in V_p} \sum\limits_{j \in V_q} a_{i,j}$，为子集 V_p、V_q 间关系数量，$a_{i,j} \in A$；而 $p = q$ 时，$A_{p,p} = \sum\limits_{i \in V_p} \sum\limits_{j \in V_p} a_{i,j}$，为子集内部关系的数量，$a_{i,j} \in A$。记 $e_{p,q} = \dfrac{A_{p,q}}{A}$，$e_{p,p} = \dfrac{A_{p,p}}{A}$，对于有 c 个社群的网络，Newman 的模块性指标 Q 定义为：

$$Q = \sum_{p=1}^{c} \left[e_{p,p} - \left(\sum_{q=1}^{c} e_{p,q} \right)^2 \right] \qquad (5-2)$$

表 5 – 16 所示的是网络的社群结构探测对应的模块性 Q 的值，括号中给出的是相应社群的数量。为了更好地研究社群结构，本研究列出了两种算法的社群结构探测结果，其一是 G – N 算法，另外一个算法是杜海峰等人（2009）提出的基于小世界现象的遗传算法（GAS 算法）。G – N 算法的结果由 UCINET 计算完成。GAS 算法是在 Intel^R Core^{TM} 22.00GHz 的 PC 上采用 MATLAB7.0 编程实现。GAS 算法基本参数设置为：种群规模 $g = 20$，邻域搜索次数 $n_l = 4$，变异概率 $p_m = 0.1$，交叉概率 $p_c = 0.8$，每次迭代保留最优个体数目为 $g_b = 5$；停止准则设为最大迭代次数 $N_l = 1000$，模块性值连续不变化的迭代阈值 $N_c = 100$。每个网络独立进行 100 次试验，表 5 – 16 为试验所获得最优种群结构的 Q 值和相应的社群数量。

表 5 – 16　中小企业员工社会网络社群结构探测对应的模块性 Q 值

网络类型	YZ 公司		BD 公司		SL 公司		YB 公司	
	G – N	GAS	G – N	GAS	G – N	GAS	G – N	GAS
工作关系网络	0.106 (35)	0.247 (3)	0.002 (11)	0.073 (3)	0.016 (12)	0.125 (4)	0.324 (11)	0.380 (4)
社会交往网络	0.390 (7)	0.441 (6)	– 0.000 (2)	0.068 (2)	0.363 (9)	0.394 (5)	0.623 (7)	0.632 (8)
上司意愿网络	0.385 (8)	0.463 (6)	0.203 (22)	0.353 (5)	0.615 (8)	0.632 (8)	0.225 (36)	0.339 (5)
工作替代网络	0.707 (9)	0.711 (9)	0.070 (18)	0.255 (5)	0.236 (25)	0.363 (7)	0.766 (15)	0.766 (15)

续表

网络类型	YZ 公司		BD 公司		SL 公司		YB 公司	
	G – N	GAS	G – N	GAS	G – N	GAS	G – N	GAS
发展促进网络	0.220 (42)	0.330 (5)	0.077 (20)	0.313 (5)	0.096 (32)	0.313 (4)	0.286 (24)	0.373 (5)
离职讨论网络	0.643 (13)	0.661 (9)	0.254 (17)	0.362 (6)	– 0.000 (2)	0.071 (2)	0.761 (9)	0.766 (9)

资料来源:《2009 年西安市组织结构与团队绩效调查》。

表 5 – 16 中的结果显示,与 G – N 算法相比,GAS 算法获得了更加清晰的社群结构,因此,本研究主要对 GAS 算法的结果进行讨论,图 5 – 9至图 5 – 12 给出了 GAS 算法社群结构的探测结果的拓扑结构。除了工作关系网络之外,其他多数网络均表现出了社群结构现象,即员工在有关互动中形成了“小圈子”。与其他网络相比,工作关系网络的社会群结构最不明显,对应的模块性值较小,这与公司成员之间工作交往频繁、网络密度较大有关。SL 公司的离职讨论网络也没有表现出明显的社群结构现象,这是由于受到网络密度影响,同时也说明该公司多数员工普遍参与离职讨论,而且是比较公开的;YZ 公司、BD 公司和 YB 公司则不同,员工之间只在彼此的“小圈子”中进行讨论。

本研究中得出的 4 个公司员工的工作关系网络和社会交往网络的社群结构如图 5 – 9 至图 5 – 12 所示,相应的上司意愿网络、工作替代网络、发展促进网络、离职讨论网络的社群结构见附录 2。

二　ARI 指标

为了对比不同网络社群结构之间的差异,本研究将 ARI 指标引入社群结构研究中,用于分析公司成员的社群结构在不同网络中的重叠情况。

对于 n 个节点 $V = \{v_1, v_2, \cdots, v_n\}$, $U = \{u_1, u_2, \cdots, u_R\}$ 和 $M = \{m_1, m_2, \cdots, m_C\}$ 表示节点 V 构成的两个网络对应的社群结构。有 $\bigcup_{i=1}^{R} u_i = \bigcup_{j=1}^{C} m_j = V$,且 $u_i \cap u_{i'} = m_j \cap m_{j'} = \phi$,对于 $1 \leqslant i \neq i' \leqslant R$, $1 \leqslant j \neq j' \leqslant C$,且有 $n = \sum_{i=1}^{C} \sum_{j=1}^{R} n_{ij}$,其中 n_{ij} 表示同时位于社群 u_i 和 m_j 中的网络节点数

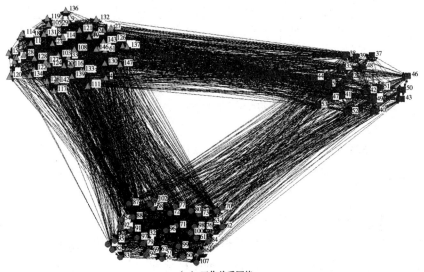

（a）工作关系网络

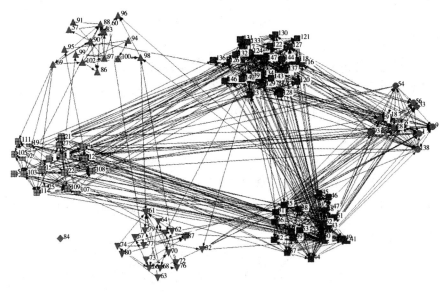

（b）社会交往网络

图 5－9　YZ 公司的社群结构

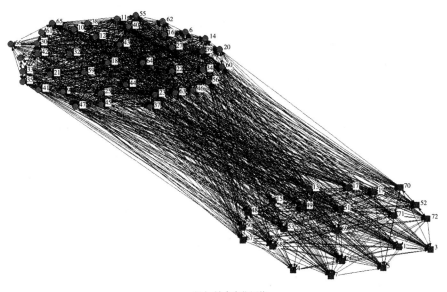

（a）工作关系网络

（b）社会交往网络

图 5 - 10　BD 公司的社群结构

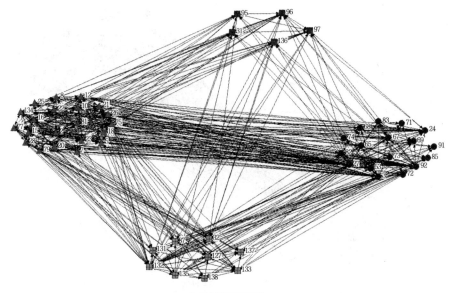

（a）工作关系网络

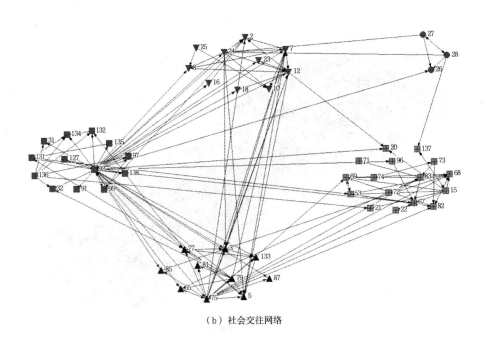

（b）社会交往网络

图 5 – 11　SL 公司的社群结构

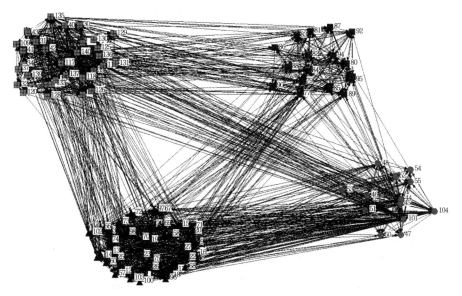

（a）工作关系网络

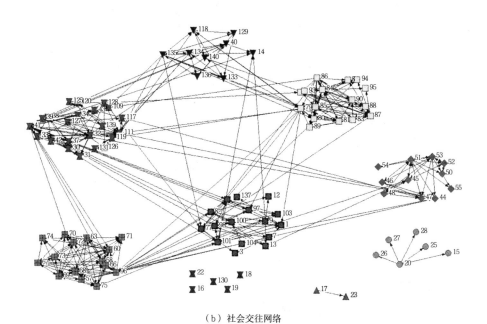

（b）社会交往网络

图 5 - 12　YB 公司的社群结构

目。进而，我们可以定义 ARI（Adjusted Rand Index）指标 R：

$$R(U,M) = \frac{\sum_{i,j}\binom{n_{ij}}{2} - \left[\sum_i\binom{n_{i.}}{2}\sum_j\binom{n_{.j}}{2}\right]\bigg/\binom{n}{2}}{\frac{1}{2}\left[\sum_i\binom{n_{i.}}{2} + \sum_j\binom{n_{.j}}{2}\right] - \left[\sum_i\binom{n_{i.}}{2}\sum_j\binom{n_{.j}}{2}\right]\bigg/\binom{n}{2}} \qquad (5-3)$$

式 5-3 中，$n_{.i} = \sum_{j=1}^{R} n_{ji}$，$n_{j.} = \sum_{i=1}^{C} n_{ji}$，可以证明 $R(U,M) = R(M,U)$，$R(U,M) \in [0,1]$，$R(U,M)$ 越接近零表示社群结构 U 和 M 中重合的节点越少，反之，U 和 M 中重合的节点越多。如果 U 和 M 是针对两个网络的社群结构，则 $R(U,M)$ 越大表明这两个网络的结构差异越小，而网络个体的社会关系相对固定，利用网络的模式相对单一。

表 5-17 至表 5-20 给出了 4 个公司的 ARI 指标 R 值。

结果表明，BD 公司和 SL 公司员工在不同网络之中所处的社群差异较大，即这些员工之间在进行不同主题互动时，包括正式工作互动、社会交往等，倾向与不同的人形成"小圈子"。这种现象一方面受到公司性质的影响，因为 YZ 公司和 YB 公司从事的工作科技含量更高、更需要团队协作；另一方面，这也可能与本次调查获得的网络规模有关，与 YB 公司和 YZ 公司相比，BD 公司和 SL 公司的网络规模较小，因此网络成员之间更容易互相交流，因此网络密度一般较高，导致社群结构现象本身就不特别明显，进而直接影响 ARI 指标 R 值较小。

表 5-17 YZ 公司的 ARI 指标 R 值

网络类型	工作关系网络	社会交往网络	上司意愿网络	工作替代网络	发展促进网络	离职讨论网络
工作关系网络	1.00	0.39	0.24	0.40	0.36	0.27
社会交往网络	0.39	1.00	0.25	0.58	0.39	0.32
上司意愿网络	0.24	0.25	1.00	0.31	0.24	0.22
工作替代网络	0.40	0.58	0.31	1.00	0.50	0.34
发展促进网络	0.36	0.39	0.24	0.50	1.00	0.17
离职讨论网络	0.27	0.32	0.22	0.34	0.17	1.00

资料来源：《2009 年西安市组织结构与团队绩效调查》。

表 5 – 18　BD 公司的 ARI 指标 *R* 值

网络类型	工作关系网络	社会交往网络	上司意愿网络	工作替代网络	发展促进网络	离职讨论网络
工作关系网络	1.00	- 0.03	0.04	0.05	- 0.01	0.05
社会交往网络	- 0.03	1.00	0.16	0.19	0.05	0.11
上司意愿网络	0.04	0.16	1.00	0.21	0.08	0.18
工作替代网络	0.05	0.19	0.21	1.00	0.03	0.22
发展促进网络	- 0.01	0.05	0.08	0.03	1.0000	0.10
离职讨论网络	0.05	0.11	0.189	0.22	0.10	1.00

资料来源:《2009 年西安市组织结构与团队绩效调查》。

表 5 – 19　SL 公司的 ARI 指标 *R* 值

网络类型	工作关系网络	社会交往网络	上司意愿网络	工作替代网络	发展促进网络	离职讨论网络
工作关系网络	1.00	0.15	0.09	0.07	- 0.01	0.17
社会交往网络	0.15	1.00	0.12	0.15	0.14	0.04
上司意愿网络	0.09	0.12	1.00	0.29	0.09	0.03
工作替代网络	0.07	0.15	0.29	1.00	0.01	0.08
发展促进网络	- 0.01	0.14	0.09	0.01	1.00	- 0.02
离职讨论网络	0.17	0.04	0.03	0.08	- 0.02	1.00

资料来源:《2009 年西安市组织结构与团队绩效调查》。

表 5 – 20　YB 公司的 ARI 指标 *R* 值

网络类型	工作关系网络	社会交往网络	上司意愿网络	工作替代网络	发展促进网络	离职讨论网络
工作关系网络	1.00	0.48	0.28	0.28	0.73	0.33
社会交往网络	0.48	1.00	0.22	0.36	0.58	0.43
上司意愿网络	0.28	0.22	1.00	0.14	0.23	0.15
工作替代网络	0.28	0.36	0.14	1.00	0.30	0.36
发展促进网络	0.73	0.58	0.23	0.30	1.00	0.34
离职讨论网络	0.33	0.43	0.15	0.36	0.34	1.00

资料来源:《2009 年西安市组织结构与团队绩效调查》。

本章小节

通过对中小企业员工社会网络小团体结构进行分析，本研究主要有以下发现。

第一，中小企业员工互动关系中"小团体"结构稀疏。与正式关系网络相比，正式工作关系网络的三方关系同构类主要集中在一对互惠对、二对互惠对和三对互惠对上。比工作关系网络小团体稍少的非正式社会关系网络是社会交往网络，其他4种网络，即上司意愿网络、工作替代网络、发展促进网络等相对比较稀疏，即除003以外的三方关系同构类比例极小。这表明在这些方面，中小企业员工不太可能形成小团体，即使有，比例也不大。离职讨论网络中较多的三方关系同构类，表明该公司员工在离职讨论方面非常活跃，可能形成具有各种不同结构的小团体，由于讨论的内容是离职，因此，过多这样的小团体可能对公司的稳定性和公司绩效都会有影响。

第二，中小企业员工群体中存在众多相互重叠的"派系"，不同公司员工小群体位于不同角色的结构位置。整体而言，工作关系网络的重叠成员主要特征是年龄更大、曾婚、收入更高和处于管理层；社会交往网络的重叠成员主要是女性，且以管理层为主；上司意愿网络的重叠成员除了政治面貌之外的特征均有所体现；工作替代网络的重叠成员以男性为主、年龄更大、文化程度较低；发展促进网络则与文化程度和政治面貌无关，其他特征均有体现；而有离职倾向的网络成员则以高年龄、曾婚、高收入者和管理层为主。分析不同性质社会网络重叠成员的特征，有助于中小企业有针对性地采取措施，使企业向更好的方向发展。

第三，通过社群结构探测找出中小企业员工社会网络的最优社群数目。SL公司的离职讨论网络没有表现出明显的社群结构现象，这是由于受到网络密度的影响，同时也说明该公司多数员工普遍参与离职讨论，而且是比较公开的；YZ公司、BD公司和YB公司则不同，员工之间只在彼此的"小圈子"中进行讨论。与凝聚子群具有重叠性一样，中小企业不同社群之间也存在不同程度的重叠。

第四，正式关系网络与非正式关系网络具有不同的小团体结构。与非正式关系网络相比，工作关系网络中稳定的三方关系更加丰富，从而有助于防止公司中"小集团"的出现。社群结构分析进一步说明了这一点，即工作网络对应的模块性值一般较小，这可能与公司成员之间工作交往频繁、网络密度较大有关。

　　针对重叠成员采取相应的措施，对于促进中小企业长期稳定发展具有重要的指导意义。

第六章 中小企业员工整体
社会网络结构

　　本章从传统网络的嵌入性、密度、中心势等指标和复杂网络小世界现象来剖析中小企业员工社会网络的整体结构。

　　不同类型、不同性质的社会网络成员之间在很大程度上会重叠，两种类型的网络是否相互嵌入可通过传统的社会网络来分析。从整体上揭示正式关系网络与非正式关系网络的嵌入性之后，再通过密度、中心势等指标和核心—边缘结构来分别分析中小企业员工社会网络的宏观结构。嵌入性可借助相关性检验来完成；密度、中心势等可利用传统的网络测度指标来进行分析；核心—边缘结构则是从整体上分析哪些成员位于核心位置，哪些成员处于边缘，是对中观层次的派系结构研究的扩展。

　　复杂网络分析主要揭示中小企业员工社会网络的信息传播特点，即小世界特征。小世界特征（宏观结构）建立在三方关系（中观结构）的基础上，它有两个重要的特征指标：平均聚类系数与平均路径长度。本研究通过与相同规模、相同关系的随机网络的指标对比，来揭示中小企业员工社会网络的关系传播特点；同时，通过与随机网络相比，分析中小企业整体社会网络结构鲁棒性。

第一节 不同网络之间的相关性

一 二次指派方法

　　本章采用的嵌入性分析方法是检验两个关系矩阵的相关性。具体方法是 QAP（Quadratic Assignment Procedure）方法，即二次指派程序。这是一种以重新抽样为基础的方法，已经在社会网络中得到广泛应用。在具体计算的时候，QAP 对两个方阵中各个元素的相似性进行比较，给出两个矩阵之间的相关性系数，同时对系数进行非参数检验，并计算随机置换后的相关系数大于实际相关系数的概率。其思想是，把每个矩阵中的所有取值视为一个长向量，每个向量包含 n（n−1）个数字（不考虑对角线的数字），然后计算两个向量之间的相关系数。计算程序分两步：第一步，计算两个网络数据各个对应元素之间的相关系数；第二步，随机地同时置换某个矩阵的各行和各列，并且计算出置换后的矩阵与另一矩阵之间的相关系数。第二步持续数百次，以便计算随机计算出来的相关系数大于或者等于第一步计算出来的实际相关系数的概率。如果概率小于 0.05，则意味着两个矩阵之间存在相关关系。相关系数的计算采用软件 UCINET 完成。

二 分析结果

表 6−1 至表 6−4 提供了 4 个中小企业员工社会网络间的相关性。

数据显示，总体而言，中小企业员工社会网络之间存在显著的相关关系，表明在正式工作关系网络与非正式关系网络以及非正式关系网络之间都存在嵌入关系。

表 6−1 YZ 公司员工社会网络间的相关性

网络类型	工作关系网络	社会交往网络	上司意愿网络	工作替代网络	发展促进网络	离职讨论网络
工作关系网络		0.04	0.04	0.08 +	0.09 *	0.13 **
社会交往网络	0.04		0.18 ***	0.08 *	0.14 ***	0.12 ***
上司意愿网络	0.04	0.18 ***		0.14 ***	0.28 ***	0.19 ***
工作替代网络	0.08 +	0.08 *	0.14 ***		0.30 ***	0.41 ***
发展促进网络	0.09 *	0.14 ***	0.28 ***	0.30 ***		0.55 ***
离职讨论网络	0.13 **	0.12 ***	0.19 ***	0.41 ***	0.55 ***	

注：表格中的数字为皮尔森相关系数，括号里的数字为 p 值，代表显著性水平。*** 表示 $p < 0.001$，** 表示 $p < 0.01$，* 表示 $p < 0.05$，+ 表示 $p < 0.1$。表 6−2 至表 6−4 同。

资料来源：《2009 年西安市组织结构与团队绩效调查》。

表6-2　BD公司员工社会网络间的相关性

网络类型	工作关系网络	社会交往网络	上司意愿网络	工作替代网络	发展促进网络	离职讨论网络
工作关系网络		0.33 ***	0.10 **	0.19 ***	0.19 **	- 0.06
社会交往网络	0.33 ***		0.14 ***	0.14 *	0.09 *	0.09 *
上司意愿网络	0.10 **	0.14 ***		0.36 ***	0.07 *	0.16 ***
工作替代网络	0.19 ***	0.14 *	0.36 ***		0.57 **	0.06
发展促进网络	0.19 **	0.09 *	0.07 *	0.57 **		- 0.08
离职讨论网络	- 0.06	0.09 *	0.16 ***	0.06	- 0.08	

资料来源:《2009年西安市组织结构与团队绩效调查》。

表6-3　SL公司员工社会网络间的相关性

网络类型	工作关系网络	社会交往网络	上司意愿网络	工作替代网络	发展促进网络	离职讨论网络
工作关系网络		0.37 ***	0.12 ***	0.18 ***	0.22 ***	0.17 ***
社会交往网络	0.37 ***		0.08 ***	0.24 ***	0.21 ***	0.30 ***
上司意愿网络	0.12 ***	0.08 ***		0.01	0.49 ***	0.21 ***
工作替代网络	0.18 ***	0.24 ***	0.01		0.20 ***	0.13 ***
发展促进网络	0.22 ***	0.21 ***	0.49 ***	0.20 ***		0.27 ***
离职讨论网络	0.17 ***	0.30 ***	0.21 ***	0.13 ***	0.27 ***	

资料来源:《2009年西安市组织结构与团队绩效调查》。

表6-4　YB公司员工社会网络间的相关性

网络类型	工作关系网络	社会交往网络	上司意愿网络	工作替代网络	发展促进网络	离职讨论网络
工作关系网络		0.30 ***	0.13 ***	0.12 ***	0.18 ***	0.14 ***
社会交往网络	0.30 ***		0.19 ***	0.22 ***	0.22 ***	0.28 ***
上司意愿网络	0.13 ***	0.19 ***		0.06 ***	0.33 ***	0.28 ***
工作替代网络	0.12 ***	0.22 ***	0.06 ***		0.17 ***	0.18 ***
发展促进网络	0.18 ***	0.22 ***	0.33 ***	0.17 ***		0.29 ***
离职讨论网络	0.14 ***	0.28 ***	0.28 ***	0.18 ***	0.29 ***	

资料来源:《2009年西安市组织结构与团队绩效调查》。

工作关系与其他非正式关系网络之间显著相关，是因为非正式关系成员本身就是网络成员，即同事，这是由整体网络数据的特征所决定的。从数据中可看出，这种重叠情况并不严重，即相关系数并不大，最大的系数是工作关系网络与社会交往网络的相关系数，数值为 0.366，也就是说，中小企业中公司同事仅有一小部分成员会成为非正式关系网络成员。

非正式网络间的嵌入性程度较大的有：工作替代网络与上司意愿网络、发展促进网络与上司意愿网络、离职讨论网络与工作替代网络、离职讨论网络与发展促进网络。这是因为工作替代关系、上司意愿关系以及发展促进关系均与工作有关，其成员重叠的可能就更大。值得关注的是，离职讨论网络与发展促进网络的相关性也比较强，这说明有一些同事在对自己工作或事业有促进作用的同时，也讨论更多离职方面的话题。

第二节 密度与中心势

一 指标定义

1. 密度

以二方关系为基础，表示整体网络结构特征的指标有：密度（Density）、出度中心势（Outdegree Centralization）和入度中心势（Indegree Centralization）（Wasserman and Faust，1994）。

有向网络中密度为 $d = \dfrac{\sum_{i=1}^{n}\sum_{j=1}^{n} X_{ij}}{n(n-1)}$，其中 n 代表网络的规模。密度可以从关系总量上表示网络成员的关系疏密程度。密度值越大，说明网络成员间的关系越密集。

有向网络节点度有出度和入度之分。个体出度 $d_{out}(n_i) = \sum_{j=1}^{n} a_{ij}$，也称扩张性，即某个体与他人交往的人数；入度 $d_{in}(n_i) = \sum_{i=1}^{n} a_{ij}$，也称聚敛性，即他人与某个体交往的人数。

2. 中心势

出度中心势和入度中心势分别反映整体网络中节点出度和入度的差异程

度。出度中心势的值越大，说明节点的扩张关系能力的差异就越大；入度中心势的值越大，说明该节点受网络其他节点欢迎程度的差异就越大。中心势计算公式为：

$$C = \frac{\sum\limits_{i=1}^{n}(C_{max} - C_i)}{\max\left[\sum\limits_{i=1}^{n}(C_{max} - C_i)\right]} \tag{6-1}$$

式 6-1 中，C_i 代表节点 i 的出度或入度，C_{max} 代表出度或入度的最大值。

以三方关系为基础，表示整体网络结构的特征指标有：居中中心势（Betweenness Centralization）。

居中中心性计算公式为：

$$C_{B(i)} = \frac{2\sum\limits_{j}^{n}\sum\limits_{k}^{n}b_{jk}(i)}{(n^2 - 3n + 2)}, j \neq k \neq i \text{ 且 } j < k \tag{6-2}$$

式 6-2 中，g_{jk} 代表节点 j 与 k 之间的测地线（即最短距离）的数目，$g_{jk}(i)$ 表示 j 与 k 之间经过 i 的测地线的数目；$b_{jk}(i)$ 代表 i 在 j 与 k 之间的居中中心性，$C_{B(i)}$ 代表标准化后的 i 位于网络中任意两个成员间的居中中心性。居中中心势计算公式同 6-1。居中中心势是从整体上衡量网络中个体作为其他两个个体交往桥梁的差异。该值越大，说明网络中个体间的交往受少数个体控制的差异就越大。

总之，通过中小企业的整体网络特征，我们可以揭示中小企业员工社会网络结构。结构决定内容（罗家德，2005），不同中小企业员工社会网络结构决定了企业员工不同的人际交往关系和不同的关系传播特点。整体网络层次的特征指标是运用 UCINET 网络软件来计算的。需要说明的一点是，由于 4 个调查点网络规模不同，不同地点、同一性质网络指标的可比性相对较弱（刘军，2004）。因此，本研究重点对同一地点、不同性质的整体网络特征进行了比较。

二　分析结果

表 6-5 提供了 YZ 公司的社会网络特征指标。

表 6 - 5　YZ 公司员工社会网络的特征指标

指标	工作关系网络	社会交往网络	上司意愿网络	工作替代网络	发展促进网络	离职讨论网络
出度中心势	59.58	56.61	6.52	21.42	96.54	7.02
入度中心势	59.58	56.61	24.08	2.61	22.19	10.44
密度	0.41	0.10	0.016	0.017	0.04	0.02
居中中心势	5.14	34.21	0.22	6.48	58.67	2.74

资料来源：《2009 年西安市组织结构与团队绩效调查》。

注：由于网络 3 ~ 6（上司意愿网络、工作替代网络、发展促进网络、离职讨论网络）采用的是被动式的提问方式，故出度中心性表示"受欢迎程度"，而入度中心性表示"扩张关系的能力"。表 6 - 6 至表 6 - 8 同。

从表 6 - 5 中数据可以发现，同一公司不同类型的网络具有不同的特点。就关系的密集程度而言，该公司在工作上的联系较多，而相互间讨论离职话题的可能性最小。对比出度中心势，我们可以发现，员工在寻求工作联系和社交方面的能力差异较大，在接受发展促进方面的能力差异较大。进一步分析图附录1 - 1中 YZ 公司发展促进网络拓扑结构图，我们可以发现发展促进网络中存在两个满出度节点（节点 1 和节点 42），去除这两个特殊节点后，该网络出度中心势为 21.032%，入度中心势为 22.771%。这说明 YZ 公司在接受发展促进方面，其差异性主要由节点 1 和节点 42 决定，其他员工的差异性并不明显。对比入度中心势，我们发现员工在接受工作联系和社交中受欢迎的程度差异较大。对比居中中心势，我们发现在社会交往网络和发展促进网络中，员工之间对"关系资源"的控制程度差异较大。他们在与他人社交和发展促进的活动中更容易受到处于链中间的个体控制。

表 6 - 6 提供了 BD 公司的社会网络特征指标。

表 6 - 6　BD 公司员工社会网络的特征指标

指标	工作关系网络	社会交往网络	上司意愿网络	工作替代网络	发展促进网络	离职讨论网络
出度中心势	78.51	42.04	32.57	97.01	44.23	12.28
入度中心势	78.51	42.04	19.46	42.92	36.03	48.34
密度	0.23	0.59	0.08	0.05	0.05	0.04
居中中心势	16.02	2.11	13.89	1.47	7.14	4.52

资料来源：《2009 年西安市组织结构与团队绩效调查》。

表6-6表明了BD公司不同类型网络的宏观指标。就关系的密集程度而言，该公司在社会交往上的联系较多，而相互间制造困难的可能性最小。对比出度中心势，我们可以发现，员工在寻求工作联系以及社交方面的能力差异较大，在被替代方面的程度差异较大；对比入度中心势，我们发现员工在工作联系和社交中受欢迎的程度差异较大。

进一步研究发现，这些较大的差异性往往也是由网络中的个别节点所决定的：工作联系网络中的节点2、3、5、7，发展促进网络中的节点46，工作替代网络中的节点46。去除这些特殊节点后的网络中心势有所变化：工作关系网络的出度、入度中心势均为43.639，工作替代网络的出度中心势为13.598，入度中心势为43.590。

对比居中中心势，我们发现在工作联系网络和上司意愿网络中，员工之间对"关系资源"的控制程度差异较大。他们在与他人的工作联系以及上下级关系中更容易受到处于链中间的个体控制。

表6-7　SL公司员工社会网络的特征指标

指标	工作关系网络	社会交往网络	上司意愿网络	工作替代网络	发展促进网络	离职讨论网络
出度中心势	66.67	54.06	10.00	97.92	98.92	71.05
入度中心势	66.67	54.06	12.00	9.96	4.96	11.07
密度	0.35	0.10	0.02	0.04	0.03	0.30
居中中心势	11.94	51.84	0.61	0.96	0.30	6.17

资料来源：《2009年西安市组织结构与团队绩效调查》。

表6-7表明了SL公司6种不同类型的网络宏观指标。就关系的密集程度而言，该公司在工作以及离职讨论上的联系较多，而在认可他人为自己上司的关系上显得最为稀疏。对比出度中心势，我们可以发现，员工在寻求工作联系和离职讨论方面的能力差异较大，在接受社会交往、发展促进以及被替代方面的程度差异较大；对比入度中性势，发现员工在工作联系和社交中受欢迎的程度差异较大。

进一步研究发现，这些较大的差异性往往也是由网络中的个别节点所决定的：社会交往网络中的节点92，工作替代网络中的节点134，发展促进网络中的节点134。去除这些特殊节点后的网络中心势变为：社会交往网络出度、入度中心势均为 26.920，工作替代网络均为 10.080，发展促进网络出度中心势为 11.120、入度中心势为 5.000。

对比居中中心势，我们发现在社交网络中，员工之间对"关系资源"的控制程度差异较大。他们在与他人的社会交往中更容易受到处于链中间的个体控制。

表 6 - 8　YB 公司员工社会网络的特征指标

指标	工作关系网络	社会交往网络	上司意愿网络	工作替代网络	发展促进网络	离职讨论网络
出度中心势	71.42	19.68	98.69	12.58	96.11	8.77
入度中心势	71.42	19.68	23.69	4.58	14.12	7.77
密度	0.29	0.06	0.02	0.01	0.05	0.01
居中中心势	23.89	19.46	0.73	0.55	46.23	0.23

资料来源：《2009 年西安市组织结构与团队绩效调查》。

表 6 - 8 表明了 YB 公司不同类型的 6 种网络的宏观指标。就关系的密集程度而言，该公司在工作上的联系较多，而相互间制造困难的可能性最小。对比出度中心势，我们可以发现，员工在寻求工作联系方面的能力差异较大，在接受他人为自己上司和发展促进方面的程度差异较大；对比入度中心势，我们发现员工在工作联系中受欢迎的程度差异较大。

进一步研究发现，这些较大的差异性往往也是由网络中的个别节点所决定的：工作关系网络中的节点 101，上司意愿网络中的节点 42，发展促进网络中的节点 3、42。去除这些特殊节点后的网络中心势变为：工作关系网络的出度、入度中心势均为 32.460，上司意愿网络的出度中心势为 5.730、入度中心势为 23.910，发展促进网络的出度中心势为 21.559、入度中心势为 14.417。

对比居中中心势，我们发现在发展促进网络、工作关系网络以及社会交往网络中，员工之间对"关系资源"的控制程度差异较大。他们在与他人的这些交往中更容易受到处于链中间的个体控制。

通过对比 4 个公司、不同类型的网络发现，就工作关系网络而言，YZ 公司的关系密集程度最高，BD 公司则在工作联系的分布上最不均匀，而 YB 公司的员工则更容易受处于链中间的个体控制。

就社会交往网络而言，BD 公司关系密集程度最高，YZ 公司则在社交联系的分布上最不均匀,SL 公司的员工在社交方面则更容易受处于链中间的个体控制。

就上司意愿网络而言,BD 公司关系密集程度最高,YZ 公司在成为顶头上司的受欢迎程度上差异较大,YB 公司在接受他人成为自己上司的意愿上差异较大,而 BD 公司的员工则更容易受处于链中间的个体控制。

就工作替代网络而言,BD 公司关系密集程度最高,SL 公司的员工在可替代性上差异较大,而 BD 公司在替代他人的能力上差异较大,YZ 公司的员工则更容易受处于链中间的个体控制。对比出度中心势和入度中心势,我们发现 4 个公司的员工在可替代性上的差异大于替代别人的能力差异。

就发展促进网络而言,BD 公司关系密集程度最高,SL 公司在发展促进方面,接受他人帮助的差异最大(去除各公司特殊节点后则是 BD 公司差异最大),而 BD 公司在帮助他人发展促进的能力上差异较大,YZ 公司的员工则更容易受处于链中间的个体控制。对比出度中心势和入度中心势,就发展促进而言,我们发现 4 个公司的员工在接受他人帮助的能力差异上要大于给予他人帮助的能力差异。发展促进网络和能力提高网络的结构特征较为相似。

就离职讨论网络而言,SL 公司关系密集程度最高,其员工在寻求离职讨论的交往能力差异最大,其员工也更容易受处于链中间的个体控制。BD 公司则在接受离职讨论的交流能力上差异较大。

由此可见,不同公司在同一社会网络的结构上差异很大。需要注意的是,BD 公司在社会交往、上司意愿、工作替代和发展促进网络中的密度都是最大的,员工间在这些方面的联系也最大。SL 公司在离职讨论网络中密度最大。

第三节 核心—边缘结构

一 核心—边缘模型

由于关系数据的类型的不同,核心—边缘结构有不同的形式。如果数据是定类数据,对应的是离散的核心—边缘模型;如果数据是定比数据,对应的则是连续的核心—边缘模型。由于本次调查的数据是定类数据:两个个体之间有关系,赋值为 1;无关系,则赋值为 0。所以本研究采用离散的核心—边缘模型。

离散的核心—边缘模型又分为两种类型：核心—边缘关联模型和核心—边缘关联缺失模型。两类模型的共同点是寻求现实数据与理想模型（星型结构）之间相关系数最大时的矩阵分块。不同点在于，核心—边缘关联模型考虑"核心"成员与"边缘"成员之间的关系；而核心—边缘关联缺失模型则不关注这种关系，将其设定为缺失值。核心—边缘关联缺失模型是伯伽提和艾弗雷特（Borgatti and Everett，1999）推荐的模型，因为该模型可以提高拟合度。由于中小企业员工社会网络的关系相对稀疏，为了提高拟合度、统一模型的标准，本研究也采用核心—边缘关联缺失模型。该模型为：

$$\rho = \sum_{i,j} \alpha_{ij} \delta_{ij} \qquad (6-3)$$

$$\delta_{ij} = \begin{cases} 1 & if \quad c_i = core \ and \ c_j = core \\ 0 & if \quad c_i = periphery \ and \ c_j = periphery \\ g & otherwise \end{cases} \qquad (6-4)$$

式 6 - 3 中，ρ 表示非标准化的皮尔森相关系数；式 6 - 4 中，δ 表示缺失值。本节核心—边缘结构数据计算用 UCINET 软件和 SAS 软件完成。

二　分析结果

1. 核心成员的数量

表 6 - 9 提供了中小企业员工社会网络核心—边缘成员数量。

表 6 - 9　中小企业员工社会网络核心—边缘成员数量

网络类型	YZ 公司(119)	BD 公司(63)	SL 公司(52)	YB 公司(102)
工作关系网络	53/66	20/43	38/14	34/68
社会交往网络	40/79	34/29	10/42	14/88
上司意愿网络	26/93	19/44	7/45	24/78
工作替代网络	118/1	18/45	8/44	94/8
发展促进网络	31/88	19/44	16/36	24/78
离职讨论网络	15/104	23/40	34/18	69/33

注：表中第一个数字表示网络中核心成员的数量，第二个数字则表示边缘成员的数量。括号内数字表示网络规模。

资料来源：《2009 年西安市组织结构与团队绩效调查》。

数据显示，无论是工作关系网络，还是非正式的社会关系网络，在中小企业员工社会网络中均存在明显的核心—边缘结构，即一部分员工处于核心位置，对资源的获取和观念的形成具有支配作用，而另一部分员工则处于外围，处于被支配地位。不同公司、不同类型社会网络核心—边缘结构有所差异，具体情况如下。

总体而言，4个公司的社会网络的核心成员数量少于边缘成员的数量，也就是说，在这些关系方面，少数员工处于核心，多数成员位于边缘。但也有一些例外，如YZ公司在工作替代方面核心成员是绝对多数，而边缘成员只有一人；BD公司的社会交往网络核心成员较多；SL公司和YB公司离职讨论网络核心成员处于多数。不同性质关系的核心成员代表的含义不同，因此，公司针对相应内容发挥或抵制核心成员的作用，对提高员工绩效和企业文化建设均具有重大意义。

2. 核心成员的特征

单一公司员工社会网络核心成员与边缘成员的特征比较如表6-10所示。数据表明，工作关系网络核心成员与边缘成员的差异主要体现在年龄方面，即核心成员的年龄较大，表明资历更高的公司员工更可能成为核心成员。在非正式关系方面，社会交往方面的核心成员更多的是处于管理层，上司意愿方面核心成员的年龄更大，在工作替代方面没有统一的规律，发展促进网络的核心—边缘差异也主要体现在职业阶层，而离职讨论网络方面核心成员的收入更高。基于这些发现，公司应重点做好这些人员的工作：年龄较大、收入较高、处于管理层的员工，引导和发挥这些核心成员的积极作用。

表6-10　中小企业员工社会网络核心—边缘成员特征比较

调查地	特征		工作关系网络			社会交往网络			上司意愿网络		
			核心	边缘	p值	核心	边缘	p值	核心	边缘	p值
YZ公司	性别	男	34	41	0.819	25	49	0.960	17	58	0.777
		女	19	25	(LR)	15	30	(LR)	9	35	(LR)
	年龄	30岁以下	17	37	0.009	13	41	0.043	4	50	0.001
		30岁及以上	36	29	(LR)	27	38	(LR)	22	43	(C)
	教育	专科及以下	31	48	0.103	20	59	0.008	11	68	0.004
		本科及以上	22	18	(LR)	20	20	(LR)	15	25	(LR)
	婚姻	未婚	12	26	0.049	12	26	0.747	2	36	0.006
		曾婚	41	40	(LR)	28	53	(LR)	24	57	(C)
	月收入	3000元以下	31	56	0.001	18	67	0.000	8	79	0.000
		3000元及以上	22	10	(LR)	22	12	(LR)	18	14	(LR)

续表

调查地	特征		工作关系网络			社会交往网络			上司意愿网络		
			核心	边缘	p值	核心	边缘	p值	核心	边缘	p值
YZ公司	是否党员	是	7	5	0.312	6	6	0.217	4	8	0.518
		否	46	61	(LR)	34	73	(LR)	22	85	(C)
	职业阶层	管理层	16	2	0.000	10	8	0.037	11	7	0.000
		非管理层	37	64	(C)	30	71	(LR)	15	86	(LR)
BD公司	性别	男	11	22	0.776	16	17	0.359	11	22	0.564
		女	9	21	(LR)	18	12	(LR)	8	22	(LR)
	年龄	30岁以下	11	25	0.815	17	19	0.213	8	28	0.114
		30岁及以上	9	18	(LR)	17	10	(LR)	11	16	(LR)
	教育	专科及以下	15	22	0.068	19	18	0.619	12	25	0.638
		本科及以上	5	21	(LR)	15	11	(LR)	7	19	(LR)
	婚姻	未婚	9	18	0.815	11	16	0.067	4	23	0.043
		曾婚	11	25	(LR)	23	13	(LR)	15	21	(C)
	月收入	3000元以下	13	39	0.032	24	28	0.018	13	39	0.062
		3000元及以上	7	4	(C)	10	1	(C)	6	5	(LR)
	是否党员	是	2	6	0.974	5	3	0.890	0	8	0.047
		否	18	37	(C)	29	26	(C)	19	36	(F)
	职业阶层	管理层	10	7	0.006	13	4	0.058	8	9	0.082
		非管理层	10	36	(LR)	21	25	(C)	11	35	(LR)
SL公司	性别	男	22	6	0.335	7	21	0.431	4	24	1.000
		女	16	8	(LR)	3	21	(C)	3	21	(C)
	年龄	30岁以下	11	13	0.000	3	21	0.431	0	24	0.009
		30岁及以上	27	1	(LR)	7	21	(C)	7	21	(F)
	教育	专科及以下	23	4	0.083	3	24	0.233	3	24	0.913
		本科及以上	15	10	(C)	7	18	(C)	4	21	(C)
	婚姻	未婚	7	8	0.008	1	14	0.282	0	15	0.070
		曾婚	31	6	(LR)	9	28	(C)	7	30	(F)
	月收入	3000元以下	7	1	0.571	0	8	0.311	0	8	0.225
		3000元及以上	31	13	(C)	10	34	(F)	7	37	(F)
	是否党员	是	9	4	1.000	2	11	1.000	1	12	0.815
		否	29	10	(C)	8	31	(C)	6	33	(C)
	职业阶层	管理层	15	2	0.166	7	10	0.015	7	10	0.000
		非管理层	23	12	(C)	3	32	(C)	0	35	(F)

续表

调查地	特征		工作关系网络			社会交往网络			上司意愿网络		
			核心	边缘	p 值	核心	边缘	p 值	核心	边缘	p 值
YB公司	性别	男	17	51	0.013	6	62	0.084	17	51	0.618
		女	17	17	(LR)	8	26	(LR)	7	27	(LR)
	年龄	30岁以下	17	46	0.086	9	54	0.834	7	56	0.000
		30岁及以上	17	22	(LR)	5	34	(LR)	17	22	(LR)
	教育	专科及以下	15	11	0.003	4	22	1.000	9	17	0.133
		本科及以上	19	57	(LR)	10	66	(C)	15	61	(LR)
	婚姻	未婚	13	38	0.092	6	45	0.564	10	41	0.350
		曾婚	21	30	(LR)	8	43	(LR)	14	37	(LR)
	月收入	3000元以下	24	45	0.652	10	59	0.986	13	56	0.113
		3000元及以上	10	23	(LR)	4	29	(C)	11	22	(LR)
	是否党员	是	14	21	0.305	8	27	0.059	6	29	0.263
		否	20	47	(LR)	6	61	(LR)	18	49	(LR)
	职业阶层	管理层	11	12	0.100	4	19	0.813	12	11	0.001
		非管理层	23	56	(LR)	10	69	(C)	12	67	(LR)

资料来源：《2009 年西安市组织结构与团队绩效调查》。

表 6-11　中小企业员工社会网络核心—边缘成员特征比较（续）

调查地	特征		工作替代网络			发展促进网络			离职讨论网络		
			核心	边缘	p 值	核心	边缘	p 值	核心	边缘	p 值
YZ公司	性别	男	74	1	0.442	25	50	0.014	13	62	0.081
		女	44	0	(F)	6	38	(LR)	2	42	(C)
	年龄	30岁以下	54	0	0.360	4	50	0.000	2	52	0.017
		30岁及以上	64	1	(F)	27	38	(C)	13	52	(C)
	教育	专科及以下	79	0	0.158	12	67	0.000	6	73	0.025
		本科及以上	39	1	(F)	19	21	(LR)	9	31	(LR)
	婚姻	未婚	38	0	0.492	3	35	0.004	0	38	0.005
		曾婚	80	1	(F)	28	53	(C)	15	66	(F)
	月收入	3000元以下	87	0	0.098	10	77	0.001	5	82	0.000
		3000元及以上	231	1	(F)	21	11	(LR)	10	22	(LR)
	是否党员	是	12	0	0.737	4	8	0.795	3	9	0.365
		否	106	1	(F)	27	80	(C)	12	95	(C)
	职业阶层	管理层	17	1	0.017	10	8	0.004	8	10	0.000
		非管理层	101	0	(F)	21	80	(LR)	7	94	(LR)

续表

调查地	特征		工作替代网络			发展促进网络			离职讨论网络		
			核心	边缘	p值	核心	边缘	p值	核心	边缘	p值
BD公司	性别	男	12	21	0.148	12	21	0.258	16	17	0.036
		女	6	24	(LR)	7	23	(LR)	7	23	(LR)
	年龄	30岁以下	5	31	0.007	5	31	0.001	11	25	0.258
		30岁及以上	13	14	(LR)	14	13	(LR)	12	15	(LR)
	教育	专科及以下	14	23	0.097	12	25	0.638	15	22	0.426
		本科及以上	4	22	(C)	7	19	(LR)	8	18	(LR)
	婚姻	未婚	4	23	0.070	4	23	0.043	10	27	0.063
		曾婚	14	22	(C)	15	21	(C)	13	13	(LR)
	月收入	3000元以下	8	44	0.000	8	44	0.000	13	39	0.000
		3000元及以上	10	1	(C)	11	0	(F)	10	1	(C)
	是否党员	是	1	7	0.511	2	6	1.000	3	5	1.000
		否	17	38	(C)	17	38	(C)	20	35	(C)
	职业阶层	管理层	11	6	0.000	15	2	0.000	12	5	0.001
		非管理层	7	39	(LR)	4	42	(C)	11	35	(LR)
SL公司	性别	男	5	23	0.882	11	17	0.146	15	13	0.050
		女	3	21	(C)	5	19	(LR)	19	5	(LR)
	年龄	30岁以下	0	24	0.004	2	22	0.003	17	7	0.443
		30岁及以上	8	20	(F)	14	14	(C)	17	11	(LR)
	教育	专科及以下	4	23	1.000	8	19	1.000	16	11	0.500
		本科及以上	4	21	(C)	8	17	(LR)	18	7	(LR)
	婚姻	未婚	0	15	0.051	2	13	0.161	11	4	0.656
		曾婚	8	29	(F)	14	23	(C)	23	14	(C)
	月收入	3000元以下	0	8	0.236	2	6	1.000	4	4	0.555
		3000元及以上	8	36	(F)	14	30	(C)	30	14	(C)
	是否党员	是	1	12	0.657	2	11	0.298	9	4	1.000
		否	7	32	(C)	14	25	(C)	25	14	(LR)
	职业阶层	管理层	7	10	0.002	9	8	0.017	14	3	0.138
		非管理层	1	34	(C)	7	28	(LR)	20	15	(C)
YB公司	性别	男	65	3	0.152	16	52	1.000	45	23	0.822
		女	29	5	(C)	8	26	(LR)	24	10	(LR)
	年龄	30岁以下	59	4	0.738	12	51	0.179	42	21	0.788
		30岁及以上	35	4	(C)	12	27	(LR)	27	12	(LR)
	教育	专科及以下	24	2	1.000	7	19	0.640	19	7	0.488
		本科及以上	70	6	(C)	17	59	(LR)	50	26	(LR)

调查地	特征		工作替代网络			发展促进网络			离职讨论网络		
			核心	边缘	p 值	核心	边缘	p 值	核心	边缘	p 值
YB 公司	婚姻	未婚	49	2	0.269	13	38	0.641	33	18	0.525
		曾婚	45	6	(C)	11	40	(LR)	36	15	(LR)
	月收入	3000 元以下	64	5	1.000	14	55	0.271	51	18	0.053
		3000 元及以上	30	3	(C)	10	23	(LR)	18	15	(LR)
	是否党员	是	30	5	0.173	10	25	0.390	26	9	0.295
		否	64	3	(C)	14	53	(LR)	43	24	(LR)
	职业阶层	管理层	22	1	0.789	11	12	0.003	17	6	0.459
		非管理层	72	7	(C)	13	66	(LR)	52	27	(LR)

资料来源：《2009 年西安市组织结构与团队绩效调查》。

　　为了从整体上考察中小企业员工社会网络核心成员与边缘成员的特征差异，本研究将 4 个调查地社会网络的核心成员和边缘成员的个数分别加总后进行特征比较。合并后 4 个公司中小企业员工社会网络的核心成员与边缘成员的特征差异见表 6 - 12。表 6 - 12 数据表明，工作关系网络、社会交往网络、上司意愿网络和发展促进网络的核心成员表现出一致的规律：具有年龄更大、多为曾婚、收入更高、多处于管理层等特征。而工作替代网络和离职讨论网络呈现出另一种情形：工作替代网络的核心成员以男性为主，离职讨论网络的核心成员具有文化程度较高即有更多的人力资本、收入更高、政治面貌为党员、处于管理阶层等特征。

表 6 - 12　合并后中小企业员工社会网络核心—边缘成员特征比较

特 征		工作关系网络(145)			社会交往网络(98)			上司意愿网络(76)		
		核心	边缘	p 值	核心	边缘	p 值	核心	边缘	p 值
性别	男	84	120	0.363	54	149	0.203	49	155	0.444
	女	61	71	(LR)	44	89	(LR)	27	105	(LR)
年龄	30 岁以下	56	121	0.000	42	135	0.021	19	158	0.000
	30 岁及以上	89	70	(LR)	56	103	(LR)	57	102	(LR)
教育	专科及以下	84	85	0.145	46	123	0.429	35	134	0.400
	本科及以上	61	106	(LR)	52	115	(LR)	41	126	(LR)
婚姻	未婚	41	90	0.000	30	101	0.041	16	115	0.000
	曾婚	104	101	(LR)	68	137	(LR)	60	145	(LR)

续表

特　征		工作关系网络（145）			社会交往网络（98）			上司意愿网络（76）		
		核心	边缘	p 值	核心	边缘	p 值	核心	边缘	p 值
月收入	3000 元以下	75	141	0.000	52	162	0.010	34	182	0.000
	3000 元及以上	70	50	（LR）	46	76	（LR）	42	78	（LR）
是否 党员	是	32	36	0.468	21	47	0.729	11	57	0.143
	否	113	155	（LR）	77	191	（LR）	65	203	（LR）
职业 阶层	管理层	52	23	0.000	34	41	0.001	38	37	0.000
	非管理层	93	168	（LR）	64	197	（LR）	38	223	（LR）

注：括号里的数字是表中核心成员的数目。下表同。
资料来源：《2009 年西安市组织结构与团队绩效调查》。

表 6 – 13　合并后中小企业员工社会网络核心—边缘成员特征比较（续）

特　征		工作替代网络（238）			发展促进网络（90）			离职讨论网络（141）		
		核心	边缘	p 值	核心	边缘	p 值	核心	边缘	p 值
性别	男	156	48	0.005	64	140	0.017	89	115	0.442
	女	82	50	（LR）	26	106	（LR）	52	80	（LR）
年龄	30 岁以下	118	59	0.075	23	154	0.000	72	105	0.614
	30 岁及以上	120	39	（LR）	67	92	（LR）	69	90	（LR）
教育	专科及以下	121	48	0.757	39	130	0.122	56	113	0.001
	本科及以上	117	50	（LR）	51	116	（LR）	85	82	（LR）
婚姻	未婚	91	40	0.660	22	109	0.001	54	87	0.246
	曾婚	147	58	（LR）	68	137	（LR）	87	108	（LR）
月收入	3000 元以下	159	57	0.135	34	182	0.000	73	143	0.000
	3000 元及以上	79	41	（LR）	56	64	（LR）	68	52	（LR）
是否 党员	是	44	24	0.219	18	50	0.948	41	27	0.001
	否	194	74	（LR）	72	196	（LR）	100	168	（LR）
职业 阶层	管理层	57	18	0.257	45	30	0.000	51	24	0.000
	非管理层	181	80	（LR）	45	216	（LR）	90	171	（LR）

资料来源：《2009 年西安市组织结构与团队绩效调查》。

第四节　小世界现象

小世界现象揭示了客观世界许多复杂网络运动中最为有效的信息传递方式，即一个高度聚集的包含了"局部连接"节点的子网络，连同一些随机的有助于产生短路径的长距离随机连接可以提高信息传递效率。小世界现象目前还没有精确的定义，一般认为，如果网络中两节点间平均距离 L 随网络节点数目 n 呈对数增长，则称该网络具有小世界现象。Watts 与 Strogatz 认为如果网络的聚类系数远远大于相应随机网络，而平均路径长度相当，则称该网络具有小世界现象；聚类系数和平均路径长度是目前考察小世界现象的两个重要指标（Watts and Strogatz，1998）。

平均聚类系数 C 反映网络集团化的程度，即考察连接在一起的集团各自的近邻之中有多少是共同的近邻。聚类系数有不同的定义，彼此之间有差异（张文宏、阮丹青，1999），比较常用的一种定义是：对于一个节点 i，其直接相连的节点集合为 V_i，记 V_i 的节点数量为 $n_i = |V_i|$，则顶点 i 的聚集系数可以定义为（周涛等，2005）：

$$c_i = \frac{\sum_{i,j \in V_i} a_{ij}}{\binom{n_i}{2}} \qquad (6-5)$$

对于所有的节点，平均聚类系数为：

$$C = \frac{1}{n} \sum_{i=1}^{n} c_i \qquad (6-6)$$

平均路径长度 L 用来度量整体网络节点之间通信的有效性，即一个个体平均经过多少步才能达到另一个个体。定义节点 i 与节点 j 间的最短距离为 $\ell(i,j)$，平均路径长度为（Blau，1999）：

$$L = \frac{1}{n^2} \sum_{i=1}^{n} \sum_{j=1}^{n} \ell(i,j) \qquad (6-7)$$

本书验证小世界现象的方法是：首先生成一系列与对应调查网络具有相同节点规模和关系总数的随机网络；其次比较随机网络和调查网络间的聚类系数和平均路径长度，如果调查网络的平均路径长度接近相应的随机网络，同时聚类系数远大于相应的随机网络，则可以证明调查网络存在小世界现象。

如表 6-14 所示，本调查所获得网络的平均聚类系数为 C，平均路径长度为 L，相应随机网络对应的平均聚类系数为 C_r，平均路径长度为 L_r，其中，C_r、L_r 是 100 个随机网络的统计平均值。表 5-13 进一步给出了 C 和 C_r，L 和 L_r 的比值。

表 6-12 和表 6-13 的结果显示，调查网络的 L 与随机网络的 L_r 较为

接近，C 与 C_r 的关系比较复杂，对于正式的工作交往网络，C 与 C_r 的比值在 2 倍左右，并不满足小世界现象所要求的 "C 远大于 C_r"，因此这些具有弱 "小世界现象"，出现这种状况的原因与网络结构有关。首先公司网络本身就是一个建立在 "科层" 体系上的分层结构，虽然可能导致集团化出现（这一点已经在社群结构中有所体现），但同时由于中小企业的员工规模不大，员工之间的交往相对频繁，使得网络密度较大，这也是导致调查网络的平均聚类系数和随机网络的聚类系数差异较小的重要原因，这种情况也出现在 BD 公司的社会交往网络以及 SL 公司的离职讨论网络中。

　　多数非正式网络都存在明显的小世界现象。小世界现象静态地反映了由于存在丰富的局部连接和很少的随机长距离连接，所以使得这些与随机网络区别显著，这表明随机网络具有的理想 "民主" 不可能出现在公司员工非正式交往网络结构中。对于信息传播，聚类系数对应传播的广度，平均距离代表的是传播的深度。已有研究表明，如果实际网络同时存在宽的广度和大的深度的话，在这样的网络上的信息传播显然将大大高于规则网络与随机网络（周涛等，2005）。因此，如何利用员工非正式网络进行公司有效信息传递是值得探讨的问题。

表 6－14　中小企业员工社会网络的平均聚类系数与平均路径长度

指标		工作关系网络	社会交往网络	上司意愿网络	工作替代网络	发展促进网络	离职讨论网络
YZ 公司	C	0.73	0.58	0.45	0.58	0.80	0.30
	C_r	0.41	0.10	0.03	0.03	0.08	0.02
	L	1.59	2.74	3.11	4.76	1.92	5.04
	L_r	1.59	2.18	3.76	3.76	2.40	4.14
BD 公司	C	0.80	0.75	0.39	0.68	0.49	0.39
	C_r	0.23	0.59	0.14	0.09	0.09	0.08
	L	1.77	1.41	2.25	1.91	2.33	2.41
	L_r	1.80	1.41	2.13	2.59	2.51	2.74
SL 公司	C	0.77	0.50	0.23	0.80	0.76	0.80
	C_r	0.35	0.09	0.04	0.08	0.06	0.47
	L	1.65	2.54	3.51	1.92	1.94	1.53
	L_r	1.65	2.58	4.70	2.96	3.46	1.53
YB 公司	C	0.72	0.59	0.76	0.55	0.80	0.47
	C_r	0.29	0.06	0.05	0.03	0.09	0.02
	L	1.71	2.93	1.95	5.55	1.91	4.28
	L_r	1.71	2.69	3.15	4.62	2.32	5.20

资料来源：《2009 年西安市组织结构与团队绩效调查》。

表 6 - 15 中小企业员工社会网络的平均聚类系数及平均路径长度的比值

指标		工作关系网络	社会交往网络	上司意愿网络	工作替代网络	发展促进网络	离职讨论网络
BD 公司	C/C_r	3.52	1.27	2.83	7.90	5.28	4.97
	L/L_r	0.98	1.00	1.06	0.74	0.93	0.88
SL 公司	C/C_r	2.22	5.38	6.54	10.51	12.29	1.73
	L/L_r	0.99	0.98	0.75	0.65	0.56	1.00
YB 公司	C/C_r	2.46	9.46	16.51	19.02	8.90	19.86
	L/L_r	0.99	1.09	0.62	1.20	0.82	0.82
YZ 公司	C/C_r	1.756	5.80	14.12	18.32	10.49	12.76
	L/L_r	1.00	1.26	0.83	1.27	0.80	1.22

资料来源:《2009 年西安市组织结构与团队绩效调查》。

第五节 结构鲁棒性

一 分析策略

鲁棒性是对网络结构稳定性的反映。本研究考察鲁棒性时,采用了连通鲁棒性(Connectivity Robustness)的策略(Dodds et al., 2003):

$$C_R = S/(N - N_r) \qquad (6 - 8)$$

式 6 - 8 中,C_R 表示连通鲁棒性,S 表示去除节点后的最大连通的成分(Component),N 表示网络中的节点总数(即规模),N_r 表示被去掉的节点数。

常见的节点去除策略有两种,一种是依次去除网络中度最大的节点(模拟网络受到"确定性"破坏/攻击),另一种是随机去除(模拟网络受到"随机"破坏/攻击)。为了说明调查所获实际网络的鲁棒性,本研究对比了其与相应随机网络(具有同样规模和边数目)的鲁棒性。需要说明的是,实际网络的鲁棒性 C_R 在图中分别用"—◆—"表示,而"—■—"表示对应随机网络的 C_R;涉及随机因素时,所列出的结果均为 100 次随机实验的统计结果。

二　分析结果

图 6 - 1 至图 6 - 4 分别展示了 4 个中小企业员工社会网络的结构鲁棒性。结果表明，多数网络的连通鲁棒性要低于相应的随机网络，但是在受到随机攻击时所表现出的鲁棒性要普遍好于确定性攻击，这很可能是网络存在"核心"造成的。除了 BD 公司网络，SL 公司、YB 公司和 YZ 公司工作关系网络的鲁棒性均较大，且普遍高于其他相应网络，这可能是这些网络是以正式的科层结构为基础建构，在分层的层内和层与层之间辅以了随机连接，从而增加了网络的连接鲁棒性。BD 公司工作网络鲁棒性低的主要原因是网络密度较低，而且存在明显的"核心节点"。

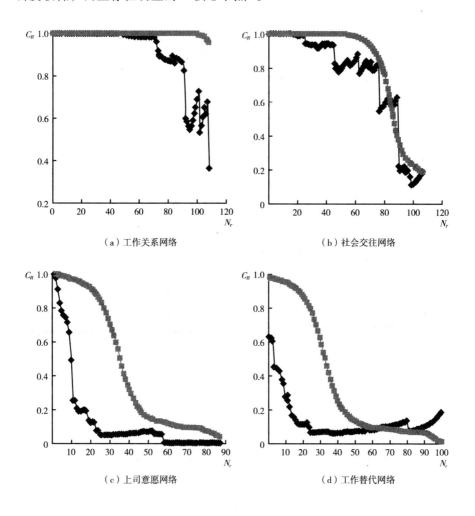

（a）工作关系网络　　　　　　　　　（b）社会交往网络

（c）上司意愿网络　　　　　　　　　（d）工作替代网络

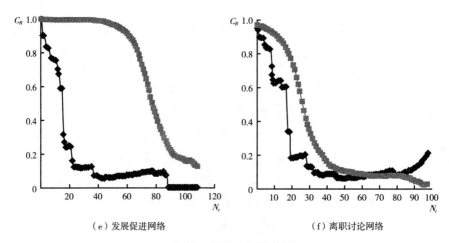

（e）发展促进网络　　　　　　　（f）离职讨论网络

a. 最大节点删除策略的结构鲁棒性

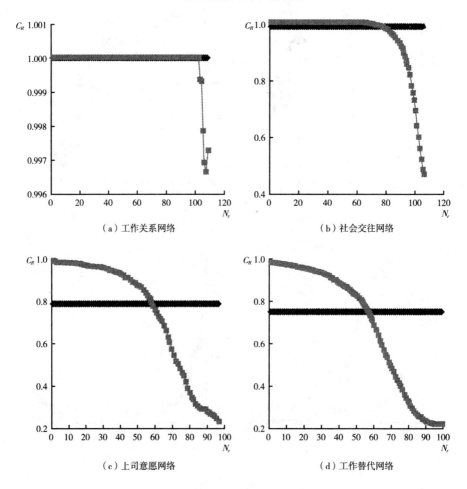

（a）工作关系网络　　　　　　　（b）社会交往网络

（c）上司意愿网络　　　　　　　（d）工作替代网络

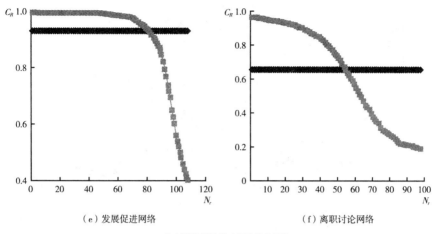

（e）发展促进网络　　　　　　　　（f）离职讨论网络

b. 节点随机删除策略的结构鲁棒性

图 6 - 1　YZ 公司员工社会网络结构鲁棒性

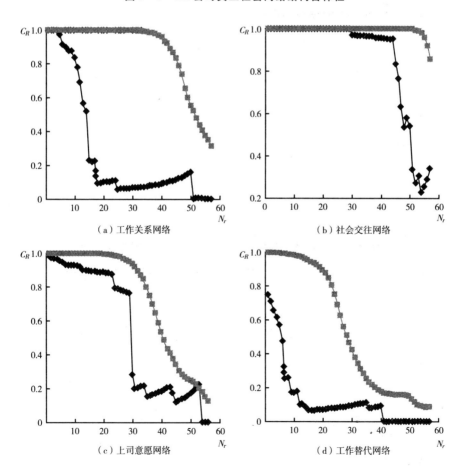

（a）工作关系网络　　　　　　　　（b）社会交往网络

（c）上司意愿网络　　　　　　　　（d）工作替代网络

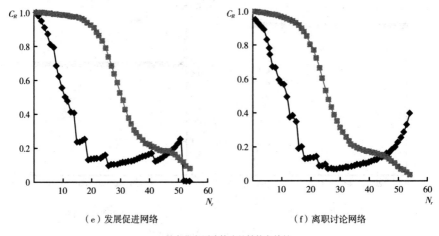

（e）发展促进网络　　　　　　　（f）离职讨论网络

a. 最大节点删除策略的结构鲁棒性

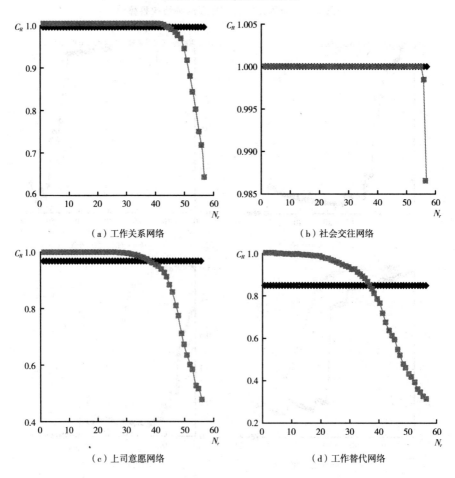

（a）工作关系网络　　　　　　　（b）社会交往网络

（c）上司意愿网络　　　　　　　（d）工作替代网络

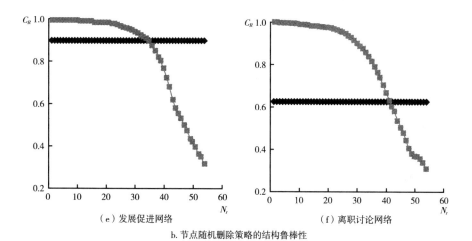

（e）发展促进网络   （f）离职讨论网络

b. 节点随机删除策略的结构鲁棒性

图 6 - 2　BD 公司员工社会网络结构鲁棒性

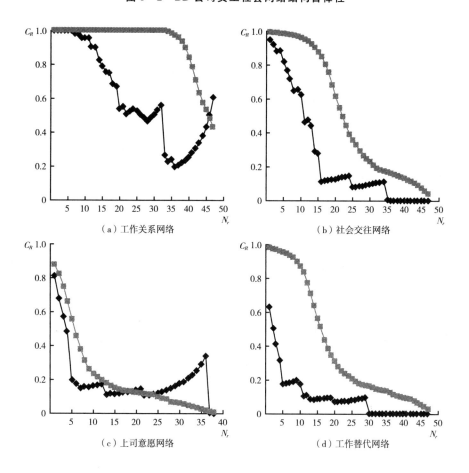

（a）工作关系网络   （b）社会交往网络

（c）上司意愿网络   （d）工作替代网络

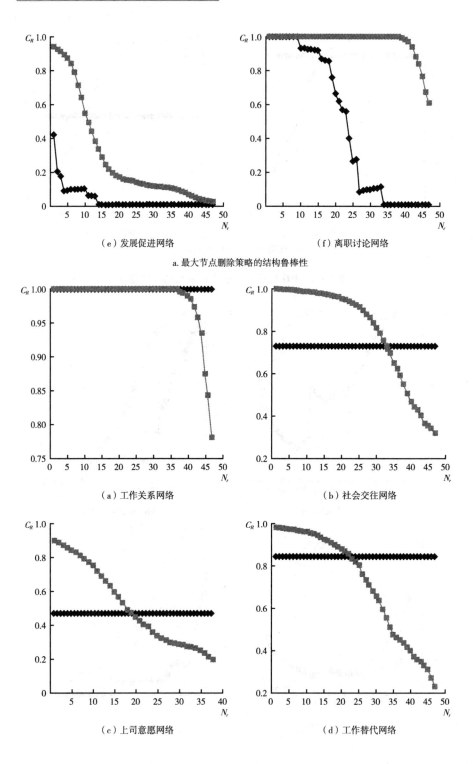

（e）发展促进网络

（f）离职讨论网络

a. 最大节点删除策略的结构鲁棒性

（a）工作关系网络

（b）社会交往网络

（c）上司意愿网络

（d）工作替代网络

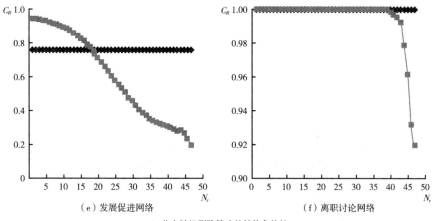

（e）发展促进网络　　　　　　　（f）离职讨论网络

b.节点随机删除策略的结构鲁棒性

图 6 – 3　SL 公司员工社会网络结构鲁棒性

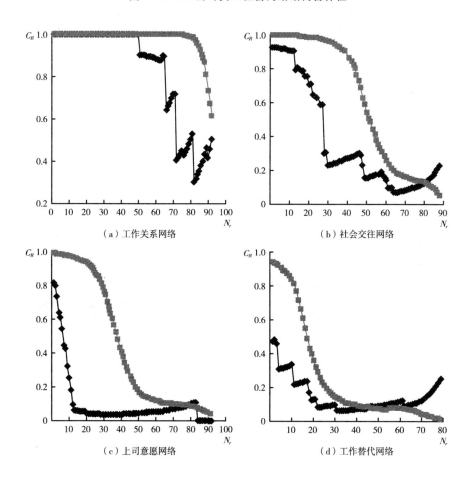

（a）工作关系网络　　　　　　　（b）社会交往网络

（c）上司意愿网络　　　　　　　（d）工作替代网络

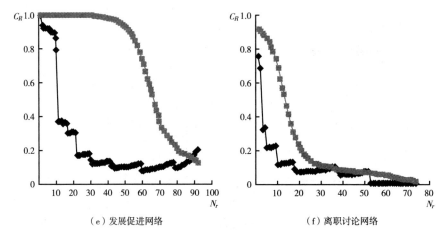

（e）发展促进网络　　　　　　　　　（f）离职讨论网络

a. 最大节点删除策略的结构鲁棒性

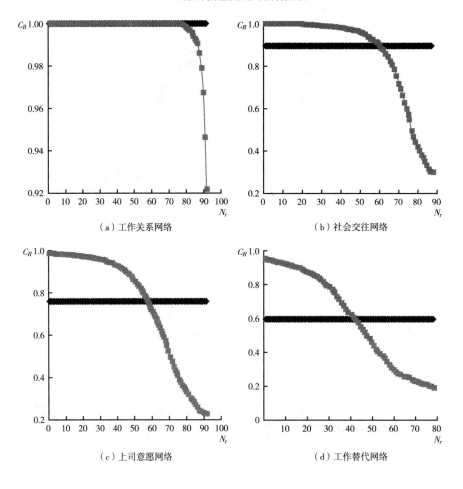

（a）工作关系网络　　　　　　　　　（b）社会交往网络

（c）上司意愿网络　　　　　　　　　（d）工作替代网络

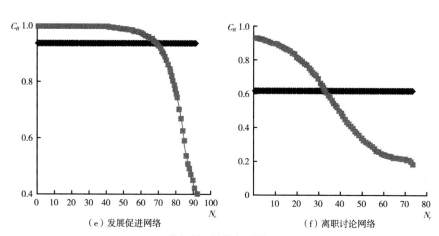

（e）发展促进网络　　　　　　（f）离职讨论网络

b.节点随机删除策略的结构鲁棒性

图6-4　YB公司员工社会网络结构鲁棒性

分析结构鲁棒性对中小企业的意义是：导致中小企业结构不稳定的不是普通员工，而是具有一定影响力的"核心"员工，公司对待这些员工应采取灵活策略，如报酬更高、升迁机会更多或分配股权等办法，使这些员工更有动力为企业服务更长时间，把员工发展与企业发展有机结合，实现公司可持续发展。

本章小结

本章从整体层次研究了4个公司的社会网络结构，得到以下主要结论。

中小企业员工正式工作关系网络与非正式社会网络之间、非正式社会网络之间存在着嵌入性，即相关性。非正式社会网络嵌入在正式工作关系网络之中，非正式社会网络之间也有不同程度的嵌入。

各公司的工作关系网络和社会交往网络较为密集，而其他网络相对较为稀疏。BD公司员工在工作之余，各方面的表现都较为活跃。造成这种现象的原因可能是由于该公司文化氛围比较活跃，工作的性质需要人际间的协调也较多。SL公司的员工关于离职的讨论网络较为密集，然而公司的绩效并不差，造成这种现象的原因可能是由于公司压力较大。不同群体的员工在不同网络中表现出来的能力差异较为不同，每个个体作为关系的中间桥梁或约束的差异也不同。

各公司员工社会网络中普遍存在核心—边缘结构。工作关系网络、社会交往网络、上司意愿网络和发展促进网络表现出一致的特征：与边缘成员相比，核心成员年龄更大、多为曾婚、收入更高、多处于管理层。而工作替代网络和离职讨论网络呈现出另一种情形：工作替代网络的核心成员以男性为主，离职讨论网络的核心员工文化程度较高，即有更多的人力资本，收入更高，政治面貌为党员，处于管理阶层。

各中小企业员工社会网络中存在小世界特征，小世界现象静态地反映由于存在丰富的局部连接和很少的随机长距离连接，所以这些与随机网络区别显著，表明随机网络具有的理想的"民主"不可能出现在公司员工非正式交往网络结构中。对于信息传播，聚类系数对应于传播的广度，平均距离代表的是传播的深度。如果实际网络同时存在宽的广度和大的深度的话，则网络上的信息传播将大大高于规则网络与随机网络。利用员工非正式网络进行公司有效信息传递是企业文化建设中值得重视的问题。

4个公司员工社会网络结构鲁棒性比相应的随机网络的鲁棒性差，表明公司存在"核心"员工，如何用好和留住这些员工，是企业长期稳定发展的重要途径。

正式关系网络表现出与非正式关系网络不同的整体网络结构。虽然在二次指派的结构相关性分析中，工作关系网络表现出与多数非正式关系网络的显著相关性，但是，工作关系网络一般具有较大的密度，而中心势介于四类非正式网络之间，表明公司员工的工作互动虽然频繁，但是存在结构差异，即并不是每个员工在工作互动中都处在相对平等的地位。工作关系网络表现出相对更强的鲁棒性，说明这些公司的工作关系是稳定的，这与工作关系网络中存在比非正式关系网络更多的核心有关。

第七章 中小企业员工社会网络对
个人绩效的影响

本书第四、第五和第六章分别考察了中小企业社会网络的个体、小团体和整体结构，本章主要研究不同类型社会网络的三种层次网络结构对企业员工个人绩效的影响。首先，给出了本章的整体分析框架；其次，分析正式关系和非正式关系网络之间的关系；再次，分析不同层次社会网络结构对员工个人绩效（工作满意度和月收入）的影响；最后，是本章小结。

需要说明的是，中小企业员工的正式网络和非正式网络都可能对个人绩效产生影响。在第四、第五和第六章中，研究了五种非正式网络，包括社会交往网络、上司意愿网络、发展促进网络、工作替代网络和离职讨论网络。前文研究表明，虽然不同的非正式关系网络之间，在不同层级的结构指标之间存在差异，但是它们之间存在较强的结构相关性，因此不同非正式关系网络对个人绩效影响的结果基本一致。而在个体社会互动关系中，社会交往关系是最常见、最重要而且最具代表性的。鉴于上述原因，本章在分析不同层次网络结构对员工个人绩效的影响时，采用了正式网络和非正式网络，其中，非正式网络只采用了社会交往网络。

第一节　研究框架与研究假设

一　研究框架

考虑到本研究的研究对象是中小企业员工，同时考虑调查数据的可得性因素，中小企业员工个人绩效的影响因素应包括两个因素：正式的或制度性

的社会关系网络，即工作关系网络，和非制度性的或非正式的社会关系网
络。由于对其他群体的社会网络与绩效研究已有相关研究结论，结合中小企
业员工个人因素，本章提出中小企业员工个人绩效影响因素的分析框架，如
图 7 - 1 所示。

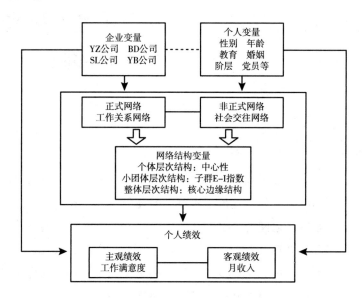

图 7 - 1　社会网络结构对个人绩效影响的分析框架

　　此框架是对第一章绪论中研究框架图 1 - 1 中关于个人绩效影响分析的
进一步细化。此框架考察正式关系网络和非正式关系个体层次、小团体层次
和整体层次网络结构对员工个人绩效的影响，即员工社会网络结构的作用后
果。除此之外，图 7 - 1 还反映出公司特点和员工个人属性特征也是个人绩
效的重要因素。中小企业员工社会网络的形成既与员工的个人属性特征有
关，也与其所在的企业的性质相关。社会网络结构具有不同层次，可分为 3
个层次：个体层次、小团体层次和整体层次。每种层次结构都有其有利的结
构位置，例如，在个体层次中，中心性较高的位置对个体的发展具有较好的
作用；在小团体层次，群体内外关系的多少对个体的影响也不尽相同，因网
络类型和关注绩效的不同而不同；而在整体层次中，那些核心成员比边缘成
员更可能获得好处。也就是说，在群体中具有更多"权力"的个体，在小
圈子内外关系差异较大的个体以及在群体中处于核心位置的人都可能占据网
络结构的有利位置。本研究把个人绩效分为主观绩效和客观绩效，主观绩效

反映了个体对于工作感受的自我评价，而客观绩效则体现了外在因素对于个体自身努力的认可。

需要说明的是，社会网络不同层次的指标有多种，本研究选取变量时，会考虑最有代表性的指标。例如，中心性通常有三种度量指标：点度中心性、居中中心性和接近中心性。接近中心性反映了整体中心性，指标的要求较高，网络必须是连通图才可以进行指标计算，对于正式关系网络这一点不存在问题，但对于非正式网络，个别孤立点的存在则会影响指标的计算；居中中心性反映了个体在其他个体之间的"桥"的作用；点度中心性主要代表了整体网络中个体网络成员的规模。由于居中中心性更关注特殊个体的作用，点度中心性能更好地反映每一个成员的网络特点，因此，我们把点度中心性作为个体层次的中心性代表性指标。对于小团体层次，主要有三方关系、凝聚子群、K－丛、K－核等指标，这些指标都反映了网络的凝聚性特点。个体所在小团体内外关系的比重更能反映中小企业员工个体的特点。整体层次网络指标有密度、中心势和核心—边缘结构，核心—边缘结构比其他两种指标更能区分个体在整个网络中的结构位置，因此，核心—边缘结构是整体层次网络结构的代表性指标。

二　研究假设

社会网络关注人们之间的互动和联系，而由此产生的个体间的社会互动会影响人们的社会行为。已有研究发现，企业中的人际关系与互动形式是影响企业绩效的重要变量，不同的企业社会网络结构特性会影响企业形成过程与结果绩效（Timothy et al.，1997；Gloor et al.，2008）。

中小企业是将一群员工组织起来，通过协调相互间的关系和活动以达成特定企业目标的组织。组织通常可分为正式组织和非正式组织。正式组织是以领导、经理和员工组成的科层形式来实现的，用以促进和协调组织的正式活动（Schutz，1967）。组织的正式网络可对整个系统提供秩序、交流和协调作用（Monge and Contractor，2003）。本质上，正式网络形成了一套共同的价值观，网络成员在这种价值观规范的压力下把他们的行为与特定目标协调一致（Maturana and Varela，1980）。尽管如此，正式组织是通过非正式的朋友或联盟实现的。在一个组织中，正式网络和非正式网络之间存在松散的结构关系（Orton and Weick，1990）。然而，非正式网络对组织的作用是促进还是阻碍并没有一致意见。如果集体任务和个体需求之间存在不可避免的冲突，则组织中的非正式结构与组织的目标是矛盾的（Katz and Kahn，1978）。正式制度和非正式制度在组织中是必不可少的，他们的作用是互补的（Zenger et al.，2002），作为其构成要素的正式网络和非正式网络对组织的作用在某种程度上也是互补的。因此，正式网络和非正式网络对企业绩效的影响可能是同向，也可能是反向。

中心性是社会网络分析研究的重要内容之一（Wasserman and Faust，1994）。在某种程度上，个体的中心性被看作个体属于某个群体的紧密性的测度。中心的个体与群体中大量的个体交流信息。如果个体交换了大量信息，不仅改变了他或她在结构中的位置，而且改变了其他人的相对位置，从而改变了整体结构（Carley，1991）。已有研究发现，虚拟研发群体经过一定时间可以形成自己有力的非正式结构（Ahuja and Carelye，1999）。传统群体中个人绩效通常可由个体特征，如角色、工作经历和性别所解释（Rosenthal，1996；Ahuja et al.，2003）。个体不可能孤立存在，人际互动是必不可少的，但这些研究没有关注网络结构的影响。相关研究显示，企业领导者的中心性与组织绩效正相关（Louise et al.，2008；Nicholas et al.，2002）。一般而言，位于中心位置的个体由于大量的联系而产生更多的影响。他们更可能与更有影响力的人产生联系，比非中心的别的个体更有潜力接收更多、更好的信息。中心性可被看作正式或非正式权力的来源。正式与非正式影响资源的差异是后者来自互动模式而非分层组织中明确界定的位置。在组织正式结构下，员工在工作上由于经常为了完成工作目标，需要与其他人进行业务上的讨论，或向其他员工提出咨询以解决工作上的困难，故在组织中的咨询网络传递着与知识、信息有关的资源。罗家德与朱庆忠（2004）研究发现咨询网络显著影响员工的工作满意度，从员工中心性可以察觉其在工作上所具备的专业能力与经验，而员工向他人寻求工作上的共同协商倾向，也能够观察出是否有向他人获取资源或信息的能力。因此，Krackhardt（1992）的研究指出了对咨询网络的观察，能够帮助在组织内部例行工作的运作中，找出在工作上具有声望的成员或是具有制度性权力的成员，这些成员因为掌握了最多的组织内信息与知识，而成为别人咨询的主要对象。但是，咨询网络不同于正式科层组织的工作关系网络，中心节点涉及更多的工作程序而且多是例行公事，因此，这样的网络结构对个体主观绩效更可能为负向影响，即越是核心节点，工作满意度越低。而在客观绩效方面，科层组织的核心节点由于其结构位置的重要性可能产生更高的客观绩效。另外，跨组织边界、地理边界和层级边界的关系更容易帮助员工掌握异质信息和观点，从而更好地完成自身任务（Cummings and Cross，2003）。显而易见，如果员工积极与具有影响力和权力的同事建立网络联系，其更容易建立和提升自己的社会资本，从而更容易接触关键资源和信息，因此自身的绩效也相对较高（Thompson，2005）。非正式网络具有这样的特点，可以不受正式网络结构的限制，位于中心节点位置的员工更有可能获得更多的情感信息交流从而获得更高的满意度。但是，这种互动往往与工作本身没有多少关联，中心节点为维持非正式关系要投入更多的注意力，因而对客观绩效可能产生不利影响。

根据上述分析，本研究提出以下假设。

H7 - 1：在正式关系网络中，中心性越高的员工其主观绩效越低。

H7 - 2：在非正式关系网络中，中心性越高的员工其主观绩效越高。

H7 - 3：在正式关系网络中，中心性越高的员工其客观绩效越高。

H7 - 4：在非正式关系网络中，中心性越高的员工其客观绩效越低。

凝聚子群是社会网络理论与分析的一个重要概念。在社会网络分析中，子群还没有明确的定义，大体上说，凝聚子群是满足如下条件的一个行动者子集合，即在此集合中的行动者之间具有相对较强的、直接的、紧密的、经常的或者积极的关系（Wasserman and Faust，1994）。我们通常从 4 个方面考察凝聚子群：关系的互惠性、网络成员间关系的可达性、子群内部成员间关系的频次（点的度数）以及子群成员间关系与子群内、外成员间关系的密度。凝聚子群含义比较明确的是派系概念，派系通常具有贬义，即组织中的派系往往会对组织的发展起到负面影响（罗家德，2005）。但也不可一概而论，社会网络的作用也因问题和网络类型的不同而有所差异。对正式网络而言，不同的小团体（或派系）之间比小团体内部产生更多联系，更可能集合大家的智慧解决工作中的问题，有利于企业提高产出和效益，更好地实现了员工的价值，从而提高了员工的客观绩效和主观绩效。非正式网络由非正式社交活动而形成，对员工绩效的影响不同于正式网络。小团体间比小团体内部的非正式互动越多，员工之间的相互比较自然也会越多，越可能对工作产生不满足感，从另一方面来讲，这种不满足正好激发了企业员工的工作积极性，从而产生更高的客观绩效。

根据上述分析，本研究提出以下假设。

H7-5：在正式关系网络中，小团体间比小团体内部联系越多，小团体成员的主观绩效越高。

H7-6：在非正式关系网络中，小团体间比小团体内部联系越多，小团体成员的主观绩效越低。

H7-7：在正式关系网络中，小团体间比小团体内部联系越多，小团体成员的客观绩效越高。

H7-8：在非正式关系网络中，小团体间比小团体内部联系越多，小团体成员的客观绩效越高。

核心—边缘结构是社会网络分析的另一个重要结构。核心—边缘理论最早是为解释经济空间结构演变模式的一种理论。该理论试图解释一个区域如何由互不关联、孤立发展，变成彼此联系、发展不平衡，又由极不平衡发展演变为相互关联的平衡发展的区域系统理论。该理论认为，核心和边缘是基本的经济结构要素，核心区是社会地域组织的一个次系统，能产生和吸引大量的革新；边缘区是另一个次系统，与核心区相互依存，其发展方向主要取决于核心区；核心区与边缘区共同组成一个完整的空间系统。随着社会网络理论的发展，网络视角逐渐被引入核心—边缘研究领域（Snyder and Kick，1979），已经有学者开始关注核心—边缘结构对绩效的影响（Cummings and Cross，2003）。如 Krackhardt（1993）研究发现，如果团队领导在团队咨询网络中处于核心位置，而在信任网络中处于边缘位置，会导致该团队发展受到阻碍。对个人绩效，位于网络核心位置的员工更可能对企业或团队的发展起重要作用。位于网络核心位置的员工更可能形成凝聚力，据此，我们推断，核心成员更可能产生更高的工作满意度和收入。

鉴于此，本研究提出以下假设。

H7-9：在正式关系网络中，核心成员比边缘成员的主观绩效更高。

H7-10：在非正式关系网络中，核心成员比边缘成员的主观绩效更高。

H7-11：在正式关系网络中，核心成员比边缘成员的客观绩效更高。

H7-12：在非正式关系网络中，核心成员比边缘成员的客观绩效更高。

第二节　方法与变量

本研究在利用调查数据给出的中小企业员工社会网络结构的基础上，对员工个人绩效的影响因素进行分析。因为因变量均为数值型连续变量，所以采用式 7 - 1 所示的 OLS 模型分析中小企业员工个人绩效的影响因素：

$$Y = \beta_0 + \beta_1 X_1 + \beta_2 X_2 + \cdots + \beta_{14} X_{14} \qquad (7-1)$$

式 6 - 1 中，Y 表示中小企业员工个人绩效，包括主观绩效和客观绩效；β_0 代表多元线性回归方程的截距；$X_1, X_2, \cdots, X_{14}$ 表示模型中所涉及的个人因素和网络因素等变量；X_1 为变量"性别"的分类变量，表示"男性"；X_2 为变量"年龄"的分类变量，表示"30 岁及以下"；X_3 为变量"受教育水平"的分类变量，表示中小企业员工的受教育水平"本科及以上"；X_4 为变量"婚姻"的分类变量，表示"曾婚"；X_5 为"政治面貌"的分类变量，表示"是党员"；X_6 表示职业阶层的分类变量，表示"管理层"。其余为网络变量，每个网络都有三个变量：个体层次变量、小团体层次变量、整体层次变量。$\beta_1, \beta_2, \cdots, \beta_{14}$ 为与各变量相对应的模型的回归系数。

一 因变量

因变量为中小企业员工个人绩效，包括主观绩效和客观绩效。主观绩效为工作满意度；客观绩效为员工的月收入。

表 7 - 1 提供了不同公司员工的工作满意度现状。

表 7 - 1 员工的工作满意度现状

项目		样本	均值	方差	信度	方差分析
对工作本身的满意度	YZ 公司	119	3.70	0.02	0.70	ns
	BD 公司	63	3.70	0.01	0.78	
	SL 公司	52	3.70	0.02	0.70	
	YB 公司	102	3.80	0.02	0.66	
对上级的满意度	YZ 公司	119	3.60	0.03	0.67	***
	BD 公司	63	4.00	0.04	0.63	
	SL 公司	51	3.90	0.05	0.76	
	YB 公司	102	4.00	0.02	0.73	
对晋升的满意度	YZ 公司	119	3.10	0.05	0.63	*
	BD 公司	63	2.90	0.23	0.80	
	SL 公司	52	3.10	0.16	0.76	
	YB 公司	102	3.30	0.12	0.67	

续表

项目		样本	均值	方差	信度	方差分析
对利益的 满意度	YZ 公司	119	3.00	0.04	0.57	ns
	BD 公司	63	3.00	0.09	0.65	
	SL 公司	52	3.10	0.10	0.39	
	YB 公司	102	3.20	0.06	0.70	
对人际交往的 满意度	YZ 公司	119	3.80	0.09	0.57	ns
	BD 公司	63	3.70	0.04	0.71	
	SL 公司	52	3.70	0.06	0.73	
	YB 公司	102	3.70	0.05	0.70	

资料来源:《2009 年西安市组织结构与团队绩效调查》。

由表 7－1 中数据可知:在对工作本身满意度的评价方面,YB 公司的工作人员对此的评价最高,平均得分为 3.80 分;YZ 公司、BD 公司和 SL 公司的工作人员对此的评价相当,平均得分均为 3.70 分。同时,根据方差分析的结果来看,4 家公司的工作人员在对工作本身满意度的评价方面不存在差异。

在对上级满意度的评价方面,BD 公司和 YB 公司的工作人员对此的评价最高,平均得分均为 4.00 分;其次是 SL 公司,其平均得分为 3.90 分;YZ 公司的工作人员对上级满意度的评价最低,其平均得分为 3.60 分。根据方差分析的结果来看,4 家公司的工作人员在对上级满意度的评价方面存在显著差异。

在对晋升满意度的评价方面,YB 公司的工作人员对此的评价最高,平均得分为 3.30 分;其次是 YZ 公司和 SL 公司,其平均得分均为 3.10 分;BD 公司的工作人员对此评价最低,平均得分为 2.90 分。根据方差分析的结果来看,4 家公司的工作人员在对晋升满意度的评价方面存在较显著差异。

在对利益满意度的评价方面,YB 公司的工作人员对此的评价最高,平均得分为 3.20 分;其次是 SL 公司,平均得分为 3.10 分;YZ 公司和 BD 公司的工作人员对此评价最低,平均得分均为 3.00 分。根据方差分析的结果来看,4 家公司的工作人员在对利益满意度的评价方面不存在差异。

在对人际交往满意度的评价方面,YZ 公司的工作人员对此的评价最高,平均得分为 3.80 分;BD 公司、SL 公司和 YB 公司的工作人员对此的评价略低，平均得分均为 3.70 分。根据方差分析的结果来看，4 家公司的工作人员在对人际交往满意度的评价方面不存在差异。

汇总后我们得出被调查中小企业员工总体的主观绩效和客观绩效，如表 7－2 所示。

数据显示，总体而言，SL 公司的主观绩效评价和客观绩效在 4 个公司中最高，工作满意度也较高。相比之下，YZ 公司无论主观绩效还是客观绩效都较差。

两种个人绩效之间存在显著的相关性，这种相关性并不高，相关系数仅为 0.15（双尾检验）。也就是说，收入越高，工作满意度越高，反之亦然。

表 7－2　主观个人绩效与客观个人绩效的均值与标准差

变量	YZ 公司	BD 公司	SL 公司	YB 公司	总样本
工作满意度	68.70 (11.20)	69.60 (9.30)	70.00 (11.60)	72.50 (10.10)	70.20 (10.70)
月收入	2365.70 (1515.20)	2311.10 (1915.90)	4621.20 (2201.40)	2922.50 (2003.20)	2873.50 (2015.30)
样本数	119	63	52	102	336

注：表中括号外的数字为均值，括号里的数字为标准差。
资料来源：《2009 年西安市组织结构与团队绩效调查》。

二　自变量

1. 正式社会网络

正式社会网络即为工作关系网络，即因工作联系形成的社会关系网络。网络结构变量主要有三个。第一个是个体层次变量，即点度中心性变量，用网络的度即规模（出度等于入度）来度量，为连续型变量，在模型中被直接纳入回归模型。第二个是小团体层次变量，本研究用 E－I 指数来度量。该值通过小团体之间的关系与小团体内部关系的差值以及小团体内外关系之和的比值来确定，其值在 －1～1 变动。在模型中，该值也被作为连续型变量纳入回归模型。第三个是整体层次结构变量，用核心—边缘结构来表示，采用把处于核心位置的成员赋值为 1，边缘成员赋值为 0。三个层次网络结构变量数值均采用 UCINET 软件进行计算。

2. 非正式社会网络

非正式关系网络指除工作关系以外的人际交往网络。本章研究的非正式社会网络主要是社会交往网络。社会交往网络是通过以下题目来测度的："您与哪些人有过非正式的交往活动（如吃饭、喝酒、逛街等）？"非正式社会网络采用的结构变量与正式关系网络一样，同样包括中心性变量、E－I指数和核心—边缘结构。中心性变量和E－I指数为连续型变量，核心—边缘结构变量为二分类变量。

表7－3提供了正式关系网络与非正式关系网络不同层次结构之间的相关性。

表7－3　正式关系网络与非正式关系网络结构相关性

网络结构相关性		正式关系网络			非正式关系网络		
		中心性	E－I指数	核心边缘	中心性	E－I指数	核心边缘
正式关系	中心性	1					
	E－I指数	0.157 **	1				
	核心边缘	0.329 **	0.166 **	1			
非正式关系	中心性	－ 0.085	0.275 ***	0.165 ***	1		
	E－I指数	0.423 ***	0.425 ***	0.435 ***	0.129 *	1	
	核心边缘	0.032	0.254 ***	0.104 +	0.384 ***	0.211 ***	1

注：*** 表示 $p < 0.001$，** 表示 $p < 0.01$，* 表示 $p < 0.05$，+ 表示 $p < 0.1$（双尾检验）。中心性和子群E－I指数，为连续型变量；核心—边缘结构为二分类变量。表7－3中，连续变量与连续变量的相关系数为 pearson 相关系数；分类变量之间的相关系数采用 spearman 相关系数；分类变量与连续变量的相关系数为 Kendall 相关系数。

资料来源：《2009年西安市组织结构与团队绩效调查》。

数据显示，正式关系网络内和非正式关系网络内不同层次网络结构之间均有显著的相关性，核心—边缘结构与中心性之间的相关系数较大，均在0.3以上；其他两个相关系数只在0.1以上。而正式关系网络与非正式关系网络不同层次网络结构之间的相关性系数更大，最高可达0.4以上。这表明正式关系网络与非正式关系网络具有较大的重叠性。

3. 控制变量

控制变量有两类，一是企业虚拟变量，二是员工个人特征。引入企业变量的目的是为了对比不同类型公司员工社会网络结构对员工个人绩效影响的异同。

（1）企业变量。为了对比不同公司员工网络结构与个人绩效的差异，本研究引入公司虚拟变量。4 个公司中有 3 个属于私营企业或三资企业，1 个属于国有企业。本研究把国有企业即 YB 公司作为参照类。

（2）个人特征。本研究把个人因素作为控制变量，具体包括性别、年龄、婚姻、受教育水平、政治面貌以及职业阶层。本研究中我们将性别分成两个类别：男性和女性；年龄为连续型变量；婚姻状况分为曾婚和未婚；受教育水平分为两个类别：专科及以下和本科及以上；政治面貌分为中共党员和非党员；职业阶层分为管理层和非管理层。对于分类变量，分别把男性、曾婚、党员和管理层赋值为 1，而把另一个设置为 0，作为参照类。详细定义参见表 7-4。

表 7-4　解释变量的描述性统计信息

变量	定义	均值	标准差
社会网络			
正式关系			
中心性	用点度中心性指标来度量	33.18	20.09
E-I 指数	采用 UCINET 软件计算 E-I 指数	-0.04	0.47
核心边缘	网络中核心成员赋值为 1	0.43	/
非正式关系			
中心性	用点度中心性指标来度量	17.93	22.61
E-I 指数	采用 UCINET 软件计算 E-I 指数	-0.49	0.52
核心边缘	网络中核心成员赋值为 1	0.29	/
个人绩效			
主观绩效			
工作满意度	工作满意度量表的 20 个题项的得分总和，并取自然对数	70.22[a] 4.24	10.68[a] 0.16
客观绩效			
月收入	将被访者所报告的近半年年来的月均收入（元）取自然对数，即 ln（月收入）	2873.50[a] 7.78	2015.34[a] 0.59
企业虚拟变量			
YZ 公司	YZ 公司的被访者赋值为 1，其他公司赋值为 0	0.35	/
BD 公司	BD 公司的被访者赋值为 1，其他公司赋值为 0	0.19	/
SL 公司	SL 公司的被访者赋值为 1，其他公司赋值为 0	0.16	/

续表

变量	定义	均值	标准差
个人特征			
男	被访者为男性赋值1,女性为其参照组	0.61	/
年龄	被访者参加调查时的年龄(周岁)	31.42	7.76
曾婚	被访者婚姻状态为曾婚则赋值1,未婚为其参照组	0.61	/
本科及以上	被访者受教育程度为本科及以上的赋值为1,专科及以下为其参照组	0.50	/
党员	被访者是中共党员者赋值为1,其他为参照组	0.20	/
管理层	被访者为管理阶层赋值为1,非管理阶层为参照组	0.22	/

注:a 表示相关变量未取对数前的信息。

资料来源:《2009 年西安市组织结构与团队绩效调查》。

为使回归模型易于解释,我们分别对 3 个变量取自然对数后纳入模型。3 个回归模型的样本数均为335。另外,如表 7-3 所示,正式关系网络不同层次结构变量之间以及非正式关系网络不同层次结构变量之间具有较强的显著性。考虑到这种情况,在回归分析时,我们特别关注了共线性问题。理论上,如果方差膨胀因子 (VIF) 值小于 10,即满足回归要求。

第三节　社会网络对个人绩效的影响

一　描述性统计

表 7-4 中包含了样本的基本信息:61% 为男性,平均年龄31.42 岁;61% 为曾婚;本科及以上受教育程度者和专科及以下者各占到一半;党员身份者占到20%;从事管理工作者占到 1/5 强。

对于网络变量,无论正式关系网络还是非正式关系网络,整体层次结构变量均为两分类变量,正式网络的核心成员的比例 (43%) 高于非正式网络的比例 (29%)。对于小团体层次结构,E-I指数表明,无论正式还是非正式网络,小团体之间的交往低于小团体内部的交往,非正式网络更为严重,即非正式网络小团体内部的交往大大高于小团体之间。个体层次的中心性指标显示,正式网络的平均网络成员远多于非正式网络。

二 社会网络对个人绩效影响因素分析结果

为了更全面反映正式网络与非正式网络结构对中小企业员工主观绩效的影响，借鉴相关研究的做法，本研究将工作满意度的分维度和加总结果分别进行回归。其中，表7-5分别提供了五个维度的工作满意度回归结果，表7-6提供了合并五个维度整体的回归分析结果。

表7-5 社会网络对分维度主观个人绩效影响的 OLS 回归结果

变量	模型1 工作本身	模型2 上级	模型3 提升	模型4 利益	模型5 人际交往
社会网络					
正式关系网络					
中心性	-0.116 +	-0.181 **	-0.061	-0.086	-0.143 *
E-I指数	0.012	0.119 +	0.033	0.084	0.174 *
核心边缘	0.169 **	0.210 **	-0.020	0.043	0.101
非正式关系网络					
中心性	0.208 +	-0.084	0.079	0.013	0.271 *
E-I指数	-0.053	-0.064	-0.074	-0.145 *	-0.053
核心边缘	0.178 **	0.174 **	0.181 **	0.145 *	0.047
企业虚拟变量					
YZ公司	-0.127	-0.315 ***	-0.173 *	-0.150 +	-0.009
BD公司	-0.311 *	-0.042	-0.331 *	-0.204	-0.364 **
SL公司	-0.107	-0.117 +	-0.127 +	-0.104	-0.116 +
个人特征					
男	0.146 **	0.101 +	0.152 **	0.064	-0.055
年龄	0.166 *	0.031	0.044	0.052	0.049
曾婚	0.044	-0.072	0.027	-0.001	-0.086
本科及以上	0.029	-0.043	-0.091	-0.080	-.029
党员	-0.029	0.012	0.067	0.037	0.070
管理层	0.054	-0.012	0.106 +	0.194 **	0.198 **
F值	4.859 ***	3.737 ***	3.164 ***	2.477 **	2.781 ***
调整后的 R^2	0.148	0.109	0.089	0.062	0.074
样本数	336	336	336	336	336

注：*** 表示 $p < 0.001$，** 表示 $p < 0.05$，* 表示 $p < 0.01$，+ 表示 $p < 0.1$。回归系数均为标准化系数。模型的 VIF 指标均在 7 以下，远低于模型要求的临界值 10。因此，共线性问题不明显，结果可以接受。

资料来源：《2009 年西安市组织结构与团队绩效调查》。

在模型 1 中，相对工作本身维度满意度而言，个体层次和整体层次变量均显著。两种类型网络的整体层次核心—边缘结构对工作本身满意度有显著的正向影响，即与边缘位置的员工相比，位于核心位置的员工的主观绩效更高。而两种类型网络的个体层次的中心性影响方向相反：在正式网络中，越是中心的员工对工作本身的满意度越低；但在非正式网络中，越是中心的员工，其越对工作本身不满意。在模型 2 对上级的满意度中，正式关系网络中的三种层次网络结构对此均有显著影响，其中个体层次变量对上级满意度有显著的负向影响，即个体联系人越多，对上级满意度越低；小团体层次的 E - I 指数也显示出显著的正向影响，即个体所在小团体之间的互动比小团体内部的互动越多，则该个体对上级越满意；整体层次变量对上级满意度有显著的正向影响，即个体越处于网络的核心位置，对上级的满意度越高。非正式网络中，整体层次变量仍然有显著的正向影响，而个体和小团体层次影响不显著。在模型 3 中对于提升的影响，正式关系网络结构没有显著影响，而非正式关系网络的整体层次变量还有显著的正向影响。模型 4 中，对于利益满意度，与提升满意度相同，正式网络结构没有显著影响，不同的是，非正式网络中，除了整体层次变量的显著性之外，小团体层次结构也有显著影响，但是这种影响为负，即小团体之间的互动越多于小团体内部的互动，则个体对在公司得到的利益越满意。模型 5 中，对于公司人际交往的满意度，正式网络与非正式网络结构的相同点是，整体层次变量均无显著影响；不同点是，正式网络的小团体层次 E - I 指数具有显著的正向影响，但非正式网络的影响并不显著。同时，虽然个体层次结构都对人际交往有显著影响，但影响的方向相反，正式网络中越是中心的员工，其对人际交往越不满意；而非正式网络中越是中心的员工，其对人际交往的满意度越高。

表 7 - 6 社会网络对整体主观个人绩效影响的 OLS 回归结果

变量	模型 6	模型 7	模型 8	模型 9	模型 10	模型 11
社会网络						
正式关系网络						
中心性	- 0.108 [+]		- 0.130 [*]	- 0.135 [*]	- 0.167 [**]	- 0.174 [*]
E - I 指数	0.004		- 0.026	0.095	0.008	0.113 [+]
核心边缘	0.174 [**]		0.207 [**]	0.183 [**]	0.170 [**]	0.150 [*]
非正式关系网络						

续表

变量	模型 6	模型 7	模型 8	模型 9	模型 10	模型 11
中心性		-0.039	-0.053	0.137	-0.061	0.118
E - I 指数		-0.048	-0.086	-0.054	-0.138 *	-0.094
核心边缘		0.234 ***	0.256 ***	0.219 **	. 228 ***	0.201 **
企业虚拟变量						
YZ 公司				-0.249 **		-0.225 **
BD 公司				-0.347 **		-0.331 *
SL 公司				-0.169 *		-0.169 *
个人特征						
男					0.092 +	0.102 +
年龄					0.120	0.088
曾婚					-0.040	-0.022
本科及以上					-0.009	-0.066
党员					0.057	0.033
管理层					0.163 +	0.146 +
F 值	2.835 *	5.371 **	4.727 ***	4.886 ***	4.331 ***	4.279 ***
调整后的 R^2	0.016	0.038	0.063	0.095	0.107	0.128
样本数	336	336	336	336	336	336

注：*** 表示 $p < 0.001$，** 表示 $p < 0.05$，* 表示 $p < 0.01$，+ 表示 $p < 0.1$。回归系数均为标准化系数。模型的 VIF 指标均在 7 以下，远低于模型要求的临界值 10。因此，共线性问题不明显，结果可以接受。

资料来源：《2009 年西安市组织结构与团队绩效调查》。

表 7-6 回归结果显示，模型 6 和模型 7 分别显示了正式社会关系网络和非正式关系网络结构对员工个人主观绩效的影响。两种类型网络的核心—边缘结构都有显著正向影响，表明网络的核心成员比边缘成员的工作满意度要高；同表 7-5，正式网络个体层次变量影响显著，表明在正式科层结构中，个体与网络成员的工作关系越多，其工作满意度越低，即增加工作关系交往不利于提高员工满意度。模型 8 同时纳入两种网络结构变量，虽然显著的变量没有变化，但显著性和系数都有所提高，这是由于两种网络的相关性所致。模型 9 在模型 8 的基础上，显著变量的系数控制住公司变量之后，回归系数略有降低。但在模型 8 上控制了个人变量，模型 10 的结果除了与模型 9 的相似之外，增加了一个显著变量：小团体 E - I 指数，说明个人特征与小团体结构有很大关系。当模型 11 控制公司变量和个人变量之后，正式关系网络不同层次结构对工作满意度都有显著影响。个体层次结构有显著的负向影响，即正式关系网络中越是处于中心位置的员工，其工作满意度越低。小团体层次和整体层次结构均有显著的正向影响，也就是说，个体所在小团体成员与小团体之外的互动比小团体内部的互动越多，该个体的工作满意度就越

高。与边缘成员相比，位于网络核心位置的员工的工作满意度更高。

除了网络变量的影响之外，公司虚拟变量和个人属性变量也有显著影响，表现在私营或三资企业员工的工作满意度显著低于国有企业。对于个人属性变量，只有性别和职业阶层对员工工作满意度有显著影响，即男性员工比女性员工的工作满意度更高，处于管理阶层的员工比非管理阶层的员工具有较高的工作满意度。年龄、文化程度、婚姻状况和政治面貌对工作满意度没有显著影响。

总体而言，员工个人主观绩效与其社会网络结构有密切关系，尤其是非正式社会关系网络，网络结构变量的影响超过了个人特征变量，因此，社会关系网络是影响员工个人主观绩效的重要影响因素。

中小企业员工社会网络结构对客观个人绩效的回归结果见表 7-7。

表 7-7　社会网络对客观个人绩效影响的 OLS 回归结果

变量	模型 12	模型 13	模型 14	模型 15	模型 16	模型 17
社会网络						
正式关系网络						
中心性	0.263 ***		0.198 **	0.289 ***	0.092 *	0.187 ***
E-I 指数	0.014		-0.039	0.040	0.014	0.011
核心边缘	0.135 *		0.091	-0.041	0.027	-0.061
非正式关系网络						
中心性		-0.164 **	-0.106 +	0.147	-0.128 **	-0.014
E-I 指数		0.262 ***	0.150 *	0.111 +	0.019	-0.008
核心边缘		0.161 **	0.124 *	0.125 *	0.036	0.064
企业虚拟变量						
YZ 公司				-0.337 ***		-0.143 **
BD 公司				-0.360 **		-0.114
SL 公司				0.229 ***		0.284 ***
个人特征						
男					0.076 +	0.117 **
年龄					0.213 ***	0.145 **
曾婚					0.139 **	0.164 ***
本科及以上					0.268 ***	0.234 ***
党员					0.011	-0.013
管理层					0.418 ***	0.385 ***
F 值	15.413 ***	12.541 ***	9.545 ***	19.754 ***	33.796 ***	42.617 ***
调整后的 R^2	0.114	0.094	0.133	0.335	0.541	0.651
样本数	336	336	336	336	336	336

注：*** 表示 $p < 0.001$，** 表示 $p < 0.05$，* 表示 $p < 0.01$，+ 表示 $p < 0.1$。回归系数均为标准化系数。模型的 VIF 指标均在 7 以下，远低于模型要求的临界值 10。因此，共线性问题不明显，结果可以接受。

资料来源：《2009 年西安市组织结构与团队绩效调查》。

模型 12 和模型 13 分别显示了正式社会关系网络和非正式关系网络结构对员工个人客观绩效的影响。两种类型网络的整体层次的核心—边缘结构都有显著正向影响，表明网络的核心成员比边缘成员的月收入都要高；非正式网络小团体层次 E–I 指数影响显著，表明在非正式人际交往中，个体所在小团体成员与其他成员的互动多于小团体内部成员的互动，会有助于该个体的客观绩效的提高，但是非正式关系的小团体层次变量的影响并不显著。虽然正式和非正式网络的个体层次结构变量都有显著影响，但影响方向却相反，越是位于正式网络的中心位置，越有利于个体客观绩效的提高；而越是位于非正式网络的中心位置，越不利于个体提高自己的客观绩效。此外，还有更多起到连接不同员工的"桥"作用的员工，其月收入也更高。模型 14 同时纳入两种网络结构变量，非正式网络变量的显著性没有发生变化，只是回归系数有所减少；而正式网络除了系数变小之外，核心—边缘结构从显著变为不显著。模型 15 显示，当控制住公司变量后，正式关系网的中心性变量仍然显著，而且系数还有所提高；而非正式网络的显著性有所降低，即非正式网络的净效用有所弱化。这表明公司虚拟变量的作用比非正式网络的作用更为显著。当模型 16 在模型 14 基础上控制住员工个人特征后，正式关系网络和非正式关系网络的个体层次变量非常显著，而小团体层次和整体层次结构变量均无显著影响。比较模型 15 和模型 16，说明公司变量和个人特征变量对非正式关系网络净影响并不相同。当模型 17 同时控制住公司变量和个人特征变量后，非正式关系网络的结构变量对客观绩效的影响均不显著，表明公司和个人特征变量完全替代了非正式关系网络的作用。正式关系网络的中心性变量的净效应仍然非常显著，也就是说，在排除公司和个人特征的影响外，只有在正式工作关系网络中的中心位置，才有可能得到较高的客观绩效。

除了社会网络的影响因素之外，公司类型的不同对员工客观绩效的影响也非常显著，且影响方向有所不同。与国有企业——YB 公司的员工相比，有限责任公司——YZ 公司的员工具有较低的客观绩效即月收入，而股份有限公司——SL 公司员工的客观绩效则较高。个人属性特征对员工客观绩效也有显著影响，具体表现在：男性比女性有更高的月收入；年龄越大，其月收入越高；曾婚者比未婚者有更高的月收入；本科及以上文化程度者比专科及以下者具有更高的月收入；居于管理阶层的员工的月收入显著高于非管理阶层的员工；政治身份对员工个人绩效没有显著影响。从回归系数的对比来看，对员工个人绩效影响最强的是职业阶层，其次是文化程度。

对员工客观绩效的影响因素进行分析后，我们可以发现尽管社会关系网络不是影响最大的因素，但也是重要因素。正式社会关系网络的中心性变量对员工客观绩效有重要影响。

本节通过社会网络结构对企业员工个人绩效影响的研究，在一定程度上揭示了正式人际关系和非正式人际关系对于企业绩效的意义，对于深化企业绩效研究以及社会网络结构应用研究都具有重要价值。

1. 理论含义

社会关系网络是人与人之间由于某种利益而互动形成的网络，是社会资本的重要表现形式。社会资本由各种社会关系连接而形成了社会场合或社会领域，其本质是社会构成要素之间的关系，即社会关系网络。在此，社会网络是一个人同其他人形成的所有正式与非正式的社会联系，也包括了人与人直接的社会关系和通过物质环境和文化的共享而结成的非直接的关系（Mitchell，1969）。社会资本视为在目的性行动中获取和/或动员的、嵌入在社会结构中的资源，有利于整合社会结构与个人行动（林南，2005）。

本研究把网络结构分成个体层次、小团体层次以及整体层次，来研究不同层次的网络结构对企业员工绩效的影响，其实是考察不同层次的社会资本对于企业绩效的影响。从这个意义上讲，社会资本也应分成个体层次、小团体层次和整体层次，从而扩充了社会资本的概念。而且，从研究结果中可以看出，不同层次网络结构会影响员工的主观绩效和客观绩效，即不同层次的社会资本会对个体的主观绩效和客观绩效产生影响。更深入地看，工作中形成的正式关系资本仅对员工主观个人绩效产生影响，但是非正式交往形成的关系资本对两种个人绩效都会产生显著影响。可能的原因是工作中的正式关系是确定的、相对固化的，具体运行是按照企业的规章制度和流程来实现的。而非正式的社会关系则具有很大的或然性，受到员工的个人属性和企业性质的影响。因此，不同类型的社会资本所产生的后果也不尽相同。

2. 实践含义

研究结果显示，中心性变量对个人主观绩效和客观绩效均有显著影响。由于社会网络具有较多网络成员的员工更可能掌握着企业重要的信息和资源，无论是正式资源还是非正式资源，因而他们对于企业的发展举足轻重。

非正式网络中心性对员工主观绩效有显著的促进作用，这与已有研究结论一致（边燕杰，2004），但对客观绩效的影响是负面的；而正式网络的中心性显著地提高了客观绩效，却对主观绩效有负面影响。小团体结构具有同样的效应，核心—边缘结构一致地表现出正效应。这一发现具有重要意义，正式关系网络和非正式关系网络具有互补效应，而且社会关系网络既有正面作用也有负面作用。企业管理者应充分注意这一问题，趋利避害，发挥社会关系网络的积极作用，抑制其消极作用，不断提高员工的个人绩效，促进企业不断发展。

除了网络结构的重要影响之外，不同性质的公司对员工的个人绩效的影响也不一样。国有企业员工的工作满意度要好于非国有企业，员工的收入水平也相对优于非国有企业。原因可能是国有企业相对具有垄断性，工作环境相对较好，工作压力也相对小一些。而非国有企业，如私营、三资企业面临更多的竞争压力，其员工的主观绩效因此而降低，客观绩效则由于公司的不同有所差异。

本章提出的假设基本得到验证。假设的验证情况总结如表 7-8 所示。关于网络个体层次的假设，即中心性的假设，H7-1 和 H7-3 完全得到验证，H7-2 和 H7-4 得到部分验证。H7-2 没有得到完全验证可能的原因是处于社会网络结构洞位置的员工尽管有更多与他人接触交往的机会，但是其阶层地位并不高，如办公室的工作人员工作事务琐碎，技术含量不高，业绩难以评定，这些因素都可能促使其个人主观绩效不高；H7-4 没有得到完全验证的原因主要是因为公司变量的影响，不同公司的个人绩效差异远比非正式关系网络大。对于小团体层次的假设（H7-5、H7-6、H7-7 和 H7-8），只有假设 H7-5 完全得到了验证，即在正式关系网络中，小团体间比小团体内部联系越多，小团体成员的主观绩效越高；H7-6 和 H7-8 仅得到了部分验证；H7-7 则完全没有得到验证。没有得到完全验证原因同个体层次，H7-7 之所以没有得到验证，可能原因是正式关系网络小团体成员同时横跨不同的工作团体，更可能感到心里满足。但是，对企业创造效益的贡献大小更多的是由其所处职业阶层和文化程度的高低决定，因此对客观个人绩效并没有产生显著影响。对于整体层次的假设（H7-9、H7-10、H7-11 和 H7-12）而言，关于主观绩效的假设 H7-9 和 H7-10 得到验证，而客观绩效的假设 H7-11 和 H7-12 得到部分验证。H7-11 得到部分验证的原因是正式关系网络的个体层次结构对客观绩效影响显著，但小团体层次和整体层次都没有显著影响。而 H7－12 非正式网络对客观绩效的影响效应显著，当控制公司变量和个人特征之后并不显著，这说明非正式关系对客观绩效具有一定的影响，但与其他变量相比，作用更小一些。

表 7－8　社会网络结构对个人绩效影响的假设验证情况

假设	验证情况
H7－1:在正式关系网络中,中心性越高的员工其主观绩效越低	验证
H7－2:在非正式关系网络中,中心性越高的员工其主观绩效越高	部分验证
H7－3:在正式关系网络中,中心性越高的员工其客观绩效越高	验证
H7－4:在非正式关系网络中,中心性越高的员工其客观绩效越低	部分验证
H7－5:在正式关系网络中,小团体间比小团体内部联系越多,小团体成员的主观绩效越高	验证
H7－6:在非正式关系网络中,小团体间比小团体内部联系越多,小团体成员的主观绩效越低	部分验证
H7－7:在正式关系网络中,小团体间比小团体内部联系越多,小团体成员的客观绩效越高	未验证
H7－8:在非正式关系网络中,小团体间比小团体内部联系越多,小团体成员的客观绩效越高	部分验证
H7－9:在正式关系网络中,核心成员比边缘成员的主观绩效更高	验证
H7－10:在非正式关系网络中,核心成员比边缘成员的主观绩效更高	验证
H7－11:在正式关系网络中,核心成员比边缘成员的客观绩效更高	部分验证
H7－12:在非正式关系网络中,核心成员比边缘成员的客观绩效更高	部分验证

本章小结

本章利用《2009 年西安市组织结构与团队绩效调查》中的数据，研究了企业员工社会网络及其对个人绩效的影响。本书将个人绩效分为主观绩效和客观绩效，把社会网络分为正式关系网络与非正式关系网络，在此基础上，探讨了个体层次、小团体层次和整体层次的社会网络结构对企业员工个人绩效的影响。下面就本章的主要结论总结如下。

首先，正式关系网络与非正式关系网络结构对主观绩效的影响不同。第一，在正式关系网络中，三种层次网络结构都有显著影响，但是影响的方向不同。表现在工作联系的人数越多，工作满意度越低。小团体间比小团体内部联系越多，小团体成员的工作满意度越高。核心成员比边缘成员的工作满意度高。第二，在非正式关系网络中，只有整体层次的核心—边缘结构对工作满意度有显著影响，但个人层次和小团体层次的结构变量没有显著影响。而且核心—边缘结构是员工主观绩效影响最大的因素。因此，利用这一因素进行关系管理是提高和促进员工工作满意度的重要途径。

其次，正式关系网络和非正式关系网络对客观绩效的影响不同。第一，对于正式关系网络，只有个体层次中心性变量对员工客观绩效即月收入有显著影响，表明相对合理的工作关系结构是影响员工月收入的重要因素。第二，非正式关系网络中三种层次网络结构对客观绩效均无显著影响。这一结果表明，调整和完善工作关系结构是提高员工个人客观绩效的重要手段。

除了网络对员工个人绩效的影响之外，公司变量对员工个人绩效也有显著影响。具体表现在，非国有企业员工的工作满意度显著低于国有企业。而对于月收入的影响国有企业与非国有企业难分伯仲。对于个人属性变量，男性比女性的工作满意度更高，月收入也更高；位于管理层的员工比非管理层的员工具有更高的工作满意度和月收入。同时，年龄、婚姻状况、文化程度都显著地影响月收入。

总之，本研究基于正式网络和非正式网络，研究了中小企业员工社会网络不同层次的结构对个人绩效的影响，拓展了社会网络与企业绩效的研究领域。同时，研究结论有助于中小企业管理者从调整和改善员工的社会关系来促进员工的个人绩效，进而提升和完善企业管理，促进企业长期、稳定发展。

第八章　结论与展望

本章主要包括两部分内容：首先，根据本书第三章至第六章的研究发现，总结了本研究的主要工作及其结论；其次，对本研究的局限性进行讨论，并对下一步的研究进行了展望。

第一节　主要结论

中小企业员工的社会网络及其对个人绩效的影响是一个重要的问题。员工个人绩效的提高是促进员工工作积极性和企业发展的重要途径。本研究以中小企业正式社会关系和非正式社会关系为出发点，基于网络视角，把中小企业问题融入社会网络结构的研究之中。在此基础上，本研究构建了中小企业员工社会网络（包括正式网络和非正式网络）结构的分析框架，利用西安市中小企业的调查数据，运用社会网络分析和统计学等分析技术，全面揭示了中小企业员工社会网络的个体、小团体和整体层次结构特征、成因及其对员工个人绩效的影响，得到了以下主要结论。

第一，对中小企业员工个体层次社会网络结构的研究显示以下内容。

度中心性和居中中心性指标从不同侧面揭示了中小企业员工社会网络的"权力"特点。无论是正式网络，还是非正式网络都有一部分企业员工与其他员工有较少联系，他们在群体中没有"权力"，难以获得网络资源。由于正式网络和非正式网络的差异，正式网络即工作关系网络中企业员工的中心性整体上高于非正式社会网络。这是由于作为公司的工作人员，各种工作联系和社会交往是员工们日常生活的主要部分。

中小企业员工社会网络的非连通性决定了其社会网络的结构洞。结构洞的出现，表明企业部分员工在群体社会交往中充当"信息桥"的角色，在网络资源获取中具有支配作用。社会交往网络、上司意愿网络、工作替代网络和发展促进网络都具有较大的有效规模、较高的效率，受到较少的限制，这些特点对企业的发展具有促进作用，反之在离职讨论方面受到较少限制，则这种结构将不利于企业的发展。

中小企业员工社会网络节点度的无标度特征虽没有得到严格的证明，但从度分布中可以看出大体呈现出的幂律分布，这种分布意味着在中小企业员工中具有核心节点，这些核心节点具有两面性，一方面，他们社会交往多，能够在工作和社会交往中获更多的信息和资源；另一方面，中小企业员工社会网络具有异配连接的倾向，即不会形成"富人俱乐部"，其结果有利于避免核心节点对资源独占的不利后果。

第二，对中小企业员工社会网络的小团体结构的研究显示以下内容。

小团体结构稀疏。与正式关系网络相比，正式工作关系网络的三方关系同构类主要集中在一对互惠对、二对互惠对和三对互惠对上。比工作关系网络小团体稍少的非正式社会关系网络是社会交往网络，其他四种网络，即上司意愿网络、工作替代网络、发展促进网络、离职讨论网络相对比较稀疏，即除 003 以外的三方关系同构类比例极小。表明在这些方面，中小企业员工不太可能形成小团体，即使有，比例也不大。离职讨论网络中较多的三方关系同构类，表明该公司员工在离职讨论方面非常活跃，可能形成具有各种不同结构的小团体，由于讨论内容是离职，因此，过多这样的小团体可能对公司的稳定性和公司绩效都会有所影响。

中小企业员工群体中存在众多相互重叠的"派系"，不同公司员工小群体处于不同角色的结构位置。整体而言，工作关系网络的重叠成员主要特征是年龄更大、已婚、收入更高和处于管理层；社会交往网络的重叠成员主要是女性，且以管理层为主；上司意愿网络的重叠成员除了政治面貌之外的特征均有所体现；工作替代网络的重叠成员以男性为主、年龄更大、文化程度较低；发展促进网络则与文化程度和政治面貌无关，其他均有表现；而有离职倾向的网络成员则以高年龄、曾婚、高收入者和管理层为主。分析不同性质社会网络重叠成员的特征，有助于中小企业有针对性地采取措施，使企业向更好的方向发展。

通过社群结构探测找出中小企业员工社会网络的最优社群数目。与其他网络相比，工作关系网络的社群结构最不明显，对应的模块性值较小，这与公司成员之间工作交往频繁、网络密度较大有关。SL 公司的离职讨论网络没有表现出明显的社群结构现象，也是由于受到网络密度影响，同时也说明该公司多数员工普遍参与离职讨论，而且是比较公开的；YZ 公司、BD 公司和 YB 公司则不同，员工之间只在彼此的"小圈子"中进行讨论。与凝聚子群具有重叠性一样，中小企业不同社群之间也存在不同程度的重叠。

第三，中小企业员工整体社会网络结构有如下特点。

中小企业正式工作关系网络与非正式社会网络之间、非正式社会网络之间存在嵌入性，即相关性。非正式网络嵌入在正式工作关系网络之中，非正式关系网络之间也有不同程度的嵌入。

各公司的工作联系网和社交网较为密集，而其他网络相对较为稀疏。BD 公司员工在工作之余，各方面的表现都较为活跃。造成这种现象的原因可能是由于该公司文化氛围比较活跃，工作的性质需要人际间的协调也较多。SL 公司员工的离职讨论网络较为密集，然而公司的绩效并不差，造成这种现象的原因可能是由于公司压力较大。不同群体的员工在不同网络中表现出来的能力差异较为不同，每个个体作为关系的中间桥梁或约束的差异也不同。

各公司员工社会网络中普遍存在核心—边缘结构。工作关系网络、社会交往网络、上司意愿网络和发展促进网络表现出一致的特征：与边缘成员相比，核心成员年龄更大、多为曾婚、收入更高、多处于管理层。而工作替代网络和离职讨论网络呈现出另一种情形：工作替代网络的核心成员以男性为主，离职讨论网络的核心员工文化程度较高即有更多的人力资本，收入更高，政治面貌为党员，处于管理阶层。

各中小企业员工社会网络中存在小世界特征，小世界现象静态地反映了由于存在丰富的局部连接和很少的随机长距离连接，导致这些与随机网络区别显著，表明随机网络具有的理想的"民主"不可能出现在公司员工非正式交往网络结构中。对于信息传播，聚类系数对应于传播的广度，平均距离代表的是传播的深度。如果实际网络同时存在宽的广度和大的深度的话，则网络上的信息传播将大大高于规则网络与随机网络。利用员工非正式网络进行公司有效信息传递是企业文化建设中值得重视的问题。

中小企业员工社会网络结构鲁棒性比相应的随机网络的鲁棒性差，这表明公司存在"核心"员工，如何用好和留住这些员工，是企业长期稳定发展的重要途径。

第四，中小企业员工正式关系网络与非正式关系网络结构存在显著差异。

在个体层次上，正式的工作关系网络中企业员工的中心性整体上高于非正式社会网络。这是由于作为公司的工作人员，工作联系是员工们互动的核心内容。而在非正式关系网络中，社会交往网络也表现出较高的中心性，是对正式关系的有益补充。

在小团体层次上，与非正式关系网络相比，工作关系网络中稳定的三方关系更加丰富，从而有助于防止公司中"小集团"的出现，社群结构分析也进一步说明了这一点。工作网络对应的模块性值一般较小，说明员工在工作互动中不存在明显的"小集团"现象，而社会交往等非正式关系网络多表现出明显的"小集团"现象。

在整体层次上，虽然工作关系网络表现出与多数非正式关系网络的显著相关性，但是，工作关系网络一般具有较大的密度，而中心势介于四类非正式网络之间，表明公司员工的工作互动虽然频繁，但是存在结构差异。工作关系网络表现出相对更强的鲁棒性，说明这些公司的工作关系相对稳定。

第五，中小企业员工社会网络对员工绩效产生显著影响。

主观个人绩效与客观个人绩效有显著的相关性，但是相关性系数并不大。

主观个人绩效的影响因素表明，在正式关系网络中，三种层次网络结构都有显著影响，但是影响的方向不同：表现在工作联系的人数越多，工作满意度越低；小团体间比小团体内部联系越多，小团体成员的工作满意度越高；核心成员比边缘成员的工作满意度高。在非正式关系网络中，只有整体层次的核心—边缘结构对工作满意度有显著影响，但个人层次和小团体层次的结构变量没有显著影响，而且核心边缘结构是员工主观绩效影响最大的因素。因此，利用这一因素进行关系管理是提高和促进员工工作满意度的重要途径。

对客观个人绩效的影响因素进行分析后发现，在正式关系网络中，只有个体层次中心性变量对员工客观绩效即月收入有显著影响。这表明相对合理的工作关系结构是影响员工月收入的重要因素。非正式关系网络中三种层次网络结构对客观绩效均无显著影响。这一结果表明，调整和完善工作关系结构是提高员工个人客观绩效的重要手段。

除了社会网络因素之外，我们还发现公司变量对员工个人绩效有显著影响。具体表现如下。非国有企业员工的主观绩效显著低于国有企业；而对于客观绩效的影响，国有企业与非国有企业难分高下。对于个人属性变量，男性比女性的主观绩效和客观绩效更高，位于管理层的员工比非管理层的员工具有更高的个人绩效。同时，年龄、婚姻状况、文化程度都显著地影响客观绩效。

第二节　研究展望

本书比较系统地研究了中小企业的员工社会网络结构及其对个人绩效的影响，并在此基础上探讨改善中小企业的管理与发展问题，弥补了相关研究的不足。但是，主要由于数据限制，使得本研究不可避免地存在一定的局限性。笔者认为进一步的研究工作还有以下几方面。

第一，扩展样本的广泛性。西安市是中小企业较多的城市之一，本研究把西安市的中小企业作为研究样本具有一定的代表性，但是与"长三角"和"珠三角"的中小企业相比，尚缺乏一定的广泛性。因此，本研究的结论是否适合更广泛的中小企业的情况，还需要进行更深入的研究。后续研究需要考虑在其他城市的中小企业中做问卷调查，以便验证本研究结论的普适性。

第二，克服网络样本的限制。社会网络研究通常有两种趋向：个体网络和整体网络。目前的相关研究主要集中在个体网络，对整体网络的研究由于调查的难度尚不多见。本研究采用的整体网络数据也受网络规模的限制，即没有获取更大规模的数据，这是整体网络研究的一个难点，也是一个瓶颈。因此，如何设计问卷，获得反映中小企业的较大规模的整体网络数据，也是后续研究的一个重要内容。

第三，继续拓展社会网络在中小企业中的研究领域。中小企业的问题有很多，本研究只是集中在网络与员工个人绩效的关系上，除此之外，网络如何影响中小企业的整体绩效、企业管理、企业文化以及网络作为企业中知识传播的渠道和途径如何发展作用等问题，都是后续研究中值得关注的重要问题。

第四，改进社会网络分析方法。虽然社会网络结构分析的理论、方法和应用研究近年来取得了长足发展，但是，由于社会网络在传统属性研究的基础上引入了关系特征，使得传统的统计方法已经很难满足社会网络特别是整体网络研究的需要。一方面，在实际研究的方法应用中，虽然多数学者已经认识到网络变量之间的耦合效应，但是由于技术上难以处理而被忽略；另一方面，一些适合网络分析的新统计模型已经被提出，如指数随机图模型，但是，这些模型不但适用范围受到限制，而且理论复杂，计算量大，还较少被用于实际问题分析。以社会网络对企业员工绩效影响为研究目标，发展新的社会网络分析策略，不仅对于应用研究，而且对于社会网络的理论研究都是值得关注的问题。

第五，加强复杂网络分析在中小企业问题中的应用研究。把复杂网络分析方法用于中小企业问题研究是对复杂性科学应用研究的一个拓展，也是中小企业问题研究的一个新的视角。本研究运用复杂网络分析方法发现了中小企业社会网络的复杂性特征，但是，由于中小企业社会网络的复杂性，相关复杂网络模型，如小世界网络、无标度网络等还有待进一步研究。例如，对中小企业社会网络度分布分析发现传统的判断无标度特征的方法不太适合小样本的网络数据，如何发展小样本社会网络的无标度特征判断方法，还有待于进一步研究。此外，其他相关的复杂数理模型研究及应用也是后续研究的重点。

主要参考文献

Ahuja, M. K. , Carley, K. M. , "Network Structure in Virtual Organizations", *Organization Science*, No. 6, 1999, pp. 741 −747.

Ahuja, M. K. , Galletta, D. F. , Carley KM. , "Individual Centrality and Performance in Virtual R&D Groups: An Empirical Study", *Management Science*, No. 1, 2003, pp. 21 −38.

Albert, R. , Barabási, AL. , "Statistical Mechanics of Complex Networks", *Reviews of Modern Physics*, No. 1, 2002, pp. 47 −97.

Balkundi, P. , Harrison, D. A. , "Networks, Leaders, Teams and Time: Connections to Viability and Performance", *Academy of Management Best Paper Proceedings*, 2004.

Balkundi, P. , Harrison, D. A. , "Ties, Leaders, and Time in Teams: Strong Inference about Network Structure's Effects on Team Viability and Performance", *Academy of Management Journal*, No. 1, 2006, pp. 49 −68.

Barabási, A. L. , Albert, R. , "Emergence of Scaling in Random Networks", *Science*, No. 5439, 1999a, pp. 509 −512.

Barabási, A. L. , Albert, R. , Jeong H. , "Mean-field Theory for Scale-free Random Networks", *Physic A*, Vol. 272, No. 1 − 2, 1999b, pp. 173 −189.

Bateman, T. S. , Organ, D. W. , "Job Satisfaction and the Good Soldier: The Relationship between Affect and Employee 'Citizenship'", *Academy of Management Journal*, No. 4, 1983, pp. 587 −595.

Bernardin, H. J. , Hagan, C. , and Kane J. S. , "The Effects of a 360 −

degree Appraisal System on Managerial Performance: No Matter How Cynical I Get I Can't Keep up", In *Upward Feedback*; *The Ups and Downs of IT*; *Symposium Conducted at the Tenth Annual Conference of the Society for Industrial and Organizational Psychology*, edited by Tornow W. Orlando, 1995.

Bian, Y., "Bringing Strong Ties Back in: Indirect Ties, Network Bridges, and Job Search in China", *American Sociological Review*, No. 3, 1997, pp. 366 −385.

Bian, Y., "Getting a Job through a Web of Guanxi", In *Networks in the Global Village*, edited by Wellman B. Boulder, CO: Westview Press, 1999.

Blau, G., "Testing the Longitudinal Impact of Work Variables and Performance Appraisal Satisfaction on Subsequent Overall Job Satisfaction", *Human Relations*, No. 8, 1999, pp. 1099 −1113.

Bollobás, B., *Random Graphs*, London: Academic Press Inc, 1985.

Borgatti, S. P., Everett MG., "Models of Core/Periphery Structures", *Social Networks*, No. 1, 1999, pp. 375 −395.

Borman, W. C., Molowidlo S. J., "Expanding the Criterion Domain to Include Elements of Contextual Performance", In *Personnel Selection in Organizations*, edited by Schmitt N, Borman W C, San Francisco: Jossey Bass, 1993, pp. 71 −98.

Borman, W. C., "The Concept of Organizational Citizenship", *Current Directions in Psychological Science*, No. 6, 2004, pp. 238 −241.

Bourdieu Pierre, "The Forms of Capital", In *Handbook of Theory and Research for the Sociology of Education* edited by Richardson JG, Westport, CT: Greenwood Press, 1986, pp. 241 −258.

Brass, D. J., "Being in the Right Place: A Structural Analysis of Individual Influence in An Organization", *Administrative Science Quarterly*, No. 4, 1984, pp. 518 −539.

Brief, A. P., Motowidlo S. J., "Prosocial Organizational Behavior", *Academy of Management Review*, No. 4, 1986, pp. 710 −725.

Bronfenbrenner, U., "A Constant Frame of Reference for Sociometric Research", *Sociometry*, No. 4, 1943, pp. 363 −397.

Bronfenbrenner, U. , "A Constant Frame of Reference for Sociometric Research: Part II. Experiment and Inference", *Sociometry*, No. 1, 1944, pp. 40 −75.

Bulkley, N. , Van Alstyne M. W. , "An Empirical Analysis of Strategies and Efficiencies in Social Networks", MIT Sloan Research Paper, No. 4682 −08 2006.

Burt, R. S. , *Structural Holes: The Social Structural of Competition*, Cambridge: Harvard University Press, 1992.

Burt, R. S. , "The Network Structure of Social Capital", *Research in Organizational Behavior*, Vol. 22, 2000, pp. 345 −423.

Campbell, D. J. , "Self-appraisals from Two Perspectives: Esteem Versus Consistency Influences", *Proceedings of the Midwest Academy of Management*, 1985, pp. 110 −114.

Campbell, D. J. , Lee C. , "Self-appraisal in Performance Evaluation: Development Versus Evaluation", *The Academy of Management Review*, No. 2, 1988, pp. 302 −314.

Campbell, D. J. , Campbell K. M. , Chia H. B. , "Merit Pay, Performance Appraisal, and Individual Motivation: An Analysis and Alternative", *Human Resource Management*, Vol. 37, No. 2, 1998, pp. 131 −146.

Carley, K. , "A Theory of Group Stability", *American Sociological Review*, No. 3, 1991, pp. 331 −354.

Carrington, P. , *Network as Personal Communities*, In Social Structure: A Network Approach, Edited by Wellman B, Berkowitz SD. New York: Cambridge University Press, 1988.

Clauset, A. , Shalizi, C. R. , Newman, M. E. J. , "Power-law Distributions in Empirical Data", *SIAM Reviews*, No. 4, 2009, pp. 661 −703.

Coleman, J. S. , "Social Capital in the Creation of Human Capital", *The American Journal of Sociology*, Vol. 94, Supplement, 1988, pp. 95 −120.

Cross, R. , Cummings, J. N. , "Tie and Network Correlates of Individual Performance in Knowledge-intensive Work", *Academy of Management Journal*, No. 6, 2004, pp. 928 −937.

Cummings, J. N. , Cross, R. , "Structural Properties of Work Groups and

Their Consequences for Performance", *Social Networks*, No. 3, 2003, pp. 197 −210.

Davidsen, J., Ebel, H., Bornholdt, S., "Emergence of a Small World from Local Interactions: Modeling Acquaintance Networks", *Physical Review Letters*, No. 12, 2002.

Davis, J. A., "Clustering and Hierarchy in Interpersonal Relations: Testing Two Graph Theoretical Models on 742 Sociomatrices", *American Sociological Review*, No. 5, 1970, pp. 843 −851.

De Dreu, C. K., Weingart, L. R., "Task Versus Relationship Conflict, Team Performance, and Team Member Satisfaction: A Meta-analysis", *Journal of Applied Psychology*, No. 4, 2003, pp. 741 −749.

Dodds, P. S., Muhamad, R., Watts, D. J., "An Experimental Study of Search in Global Social Networks", *Science*, No. 301, 2003, pp. 827 −829.

Dodds, P. S., Watts, D. J., Sabel, C. F., *Information Exchange and Robustness of Organizational Networks*, Working Paper Series, Center on Organizational Innovation, Columbia University, 2003.

Dorogovtsev, S. N., Mendes, J. F., "Scaling Properties of Scale-free Evolving Networks: Continuous Approach", *Physical Review E* Vol. 63, No. 5, 2001.

Duch, J, Arenas, A., "Community Detection in Complex Networks Using Extremal Optimization", *Physical Review E*, Vol. 72, No. 2, 2005.

Freeman, L. C., "Centrality in Social Networks: Conceptual Clarification", *Social Networks*, No. 1, 1979, pp. 215 −239.

Ebel, H., Davidsen J., Bornholdt S., "Dynamics of Social Networks", *Complexity*, No. 2, 2003, pp. 24 −27.

Fernandez, R. M., Gould, R. V., "A Dilemma of State Power: Brokerage and Influence in the National Health Policy Domain", *American Journal of Sociology*, No. 6, 1994, pp. 1455 −1491.

Ferriani, S., Cattani, G., Baden, F. C., "The Relational Antecedents of Project-entrepreneurship: Individual Connectedness, Team Composition and Project Performance", *Research Policy*.

Frey, F. W., Abrutyn, E., Metzger, D. S., *Focal Networks and HIV Risk Among African-American Male Intravenous Drug Users*, In Social Networks, Drug Abuse, and HIV Transmission, edited by Needle RH., Genser SG., Trotter RT. NIDA Research Monograph, 1995.

George, J. M., Brief, A. P., "Feeling Good-doing Good: A Conceptual Analysis of the Mood at Work Organizational Spontaneity Relationship", *Psychological Bulletin*, No. 2, 1992, pp. 310 −329.

Gloor, P. A., Paasivaara M., Schoder D., et al., "Finding Collaborative Innovation Networks through Correlating Performance with Social Network Structure", *International Journal of Production Research*, No. 5, 2008, pp. 1357 − 1371.

Granovetter, M., "The Strength of Weak Ties", *American Journal of Sociology*, No. 6, 1973, pp. 1360 −1380.

Granovetter, M., "Economic Action and Aocial Structure: the Problem of Embeddedness", *The American Journal of Sociology*, No. 3, 1985, pp. 481 −510.

Guimera, R., Uzzi, B., Spiro, J., et al., "Team assembly mechanisms determine collaboration network structure and team performance", *Science*, No. 308, 2005, pp. 697 −702.

Guzzo, R. A., Shea, G. P., "Group Performance and Intergroup Relations in Organizations", *Handbook of industrial and organizational psychology*, No. 3, 1992, pp. 269 −313.

Hansen, F., Norman, R. Z., Cartwright D., *Structural Models: An Introduction to the Theory of Directed Graphs*. New York: Wiley, 1965.

Holland, P. W., Leinharht, S., "A Method for Detecting Structure in Sociometric Data", *The American Journal of Sociology*, No. 3, 1970, pp. 492 −513.

Holland, P. W., Leinhardt, S., *Transitivity in Structural Models of Small Groups*, In Social Networks: A Developing Paradigm, edited by Leinhardt S, pp. 49 −66. New York: Academic Press, 1977.

Ibarra, H., Andrews, S. B., "Power, Social Influence, and Sense Making: Effects of Network Centrality and Proximity on Employee Perceptions", *Administrative Science Quarterly*, No. 2, 1993, pp. 277 −304.

Jehn, K. A. , Shah, P. P. , " Interpersonal Relationships and Task Performance: An Examination of Mediating Processes in Friendship and Acquaintance Groups", *Journal of Personality and Social Psychology*, No. 4, 1997, pp. 775 −790.

Julian, J. , Luciano, F. , Tibério, S. , " Rich-club Phenomenon across Complex Network Hierarchies", *Applied Physics Letters*, Vol. 91, No. 8, 2007.

Katz, D. , Kahn, R. L. , *The Social Psychology of Organization.* 2nd ed. New York: Wiley Publishers, 1978.

Krackhart, D. , *The Strength of Strong Ties: The Importance of Philos in Networks and Organizations*, In Networks and Organizations, edited by Nitin Nohria and Robert G Eccles. Cambridge: Harvard Business School Press, 1992.

Krackhardt, D. , Hanson, J. , " Informal Networks: The Company behind the Chart", *Harvard Business Review*, No. 4, 1993, pp. 104 −111.

Krackhardt, D. , Kilduff, M. , " Whether Close or Far: Social Distance Effects on Perceived Balance in Friendship Networks", *Journal of Personality and Social Psychology*, No. 5, 1999, pp. 770 −782.

Labiance, G. , Bras, D. J. , Gray, B. , "Social Networks and Perceptions of Intergroup Conflict: the Role of Negative Relationships and Third Parties", *Academy of Management Journal*, No. 1, 1998, pp. 55 −67.

Louise, K. , Peter, M. L. , Kinyua, K. , " Founder Centrality, Management Team Congruence and Performance in Family Firms: A Kenyan Context", *Journal of Development Entrepreneurship*, No. 4, 2008, pp. 383 −407.

Maturana, H. R. , Varela, F. J. , *Autopoiesis and Cognition: The Realization of the Living*, Dordrecht: Reidel Publishing Company, 1980.

Mehra, A. , Kilduff, M. , Brass, D. J. , "At the Margins: A Distinctiveness Approach to the Social Identify and Social Networks of Under-represented Groups", *Academy of Management Journal*, No. 4, 1998, pp. 441 −452.

Mehra, A. , Kiduff, M. , Brass, D. J. , " The Social Networks of High and Low Self-monitors: Implications for Workplace Performance", *Administrative Science Quarterly*, Vol. 46, No. 2, 2001, pp. 121 −146.

Mehra, A. , Dixon, A. L. , Robertson B. et al. , *The External and Internal Social Capital of Unit Leaders: Implications for Performance in Multiunit Qrganizations*,

Working paper, University of Cincinati, 2002.

Mehra, A. , Smith, B. R. , Dixon A. L. et al. , "Distributed Leadership in Teams: The Network of Leadership Perceptions and Team Performance", *The Leadership Quarterly*, No. 3, 2006, pp. 232 −245.

Michael, L. M. , Poonam, K. , "Getting Them to Think Outside the Circle: Corporate Governance, CEOs' External Advice Networks, and Firm Performance", *Academy of Management Journal*, No. 3, 2008, pp. 453 −475.

Michael, A. , Angela, B. , *Performance Management*, London: The Cromwell Press, 1998.

Michael, L. M. , Poonam, K. , "Getting Them to Think Outside the Circle: Corporate Governance, CEOs' External Advice Networks, and Firm Performance", *Academy of Management Journal*, No. 3, 2008, pp. 453 −475.

Michele, C. , Guido, C. , Luciano P. , "Social Network Growth with Assortative Mixing", *Physica A*, Vol. 338, No. 1 −2, 2004, pp. 119 −124.

Mitchell, J. C. , "*The Concept and Use of Social Networks*" in Social Network in *Urban Situations*, Manchester: Manchester University Press, 1969.

Monge, P. , Contractor, N. , *Theories of Communication Networks*, Oxford: Oxford University Press, 2003.

Moreno, J. L. , Jennings, H. H. , "Statistics of Social Configuration", *Sociometry*, No. 3, 1938, pp. 342 −374.

Newman, M. E. J. , "Assortative Mixing in Networks", *Physical Review Letters*, Vol. 89, No. 20, 2002.

Newman, M. E. J. , "The Structure and Function of Complex Networks", *SIAM Review* , No. 2, 2003, pp. 167 −256.

Newman, M. E. J. , "Detecting Community Structure in Networks", *European Physical Journal B*, Vol. 38, No. 2, 2004, pp. 321 −330.

Nicholas, A. , William, F. C. , Louise, M. K. , et al. , "Founder Centrality Effects on the Mexican Family Firm's Top Management Group: Firm Culture, Strategic Vision and Goals, and Firm Performance", *Journal of World Business*, No. 2, 2002, pp. 139 −150.

Noah, E. F. , Michael R. S. , "School Leadership and Performance: A

Social Network Approach", *Sociology of Education*, No. 2, 1994, pp. 139 -157.

Nohria, N. , Ghoshal, S. , *The Differentiated Network: A New Model for Organizing Multinational Corporations*, San Francisco: Jossey-Bass, 1997.

Orr, J. M. , Sackett, R. L. , Mercer M. , "The Role of Prescribed and Non-prescribed Behaviors in Estimating the Dollar Value of Performance", *Journal of Applied Psychology*, No. 1, 1989, pp. 34 -40.

Orton, J. D. , Weick, K. E. , " Loosely Coupled Systems: A Reconceptualization ", *Academy of Management Review*, No. 2, 1990, pp. 203 -223.

Pearce, J. A. , David, F. , "A Social Network Approach to Organizational Design-performance ", *Academy of Management Review*, No. 3, 1983, pp. 436 -444.

Peter, M. G. , " Performance Management: Pariah or Messiah ", *Public Personnel Management*, No. 2, 2002, pp. 161 -177.

Powell, W. W. , Koput, K. W. , Smith, D. L. , " Inter-organizational Collaboration and the Locus of Innovation: Networks of Learning in Biotechnology ", *Administrative Science Quarterly*, Vol. 41, No. 1, 1996, pp. 116 -145.

Reagans, R. E. , Zuckerman, E. W. , " Networks, Diversity and Performance: the Social Capital of R&D Teams ", *Organization Science*, No. 12, 2001, pp. 502 -518.

Reagans, R. E. , Zuckerman, E. W. , McEvily, B. , "How to Make the Team: Social Networks vs Demography as Criteria for Designing Effective Teams", *Administrative Science Quarterly*, No. 1, 2004, pp. 101 -133.

Rosenthal, E. A. , *Social Networks and Team Performance*, PhD diss. , University of Chicago, 1996.

Rulke, D. L. , Galaskiewicz, J. , " Distribution of Knowledge, Group Network Structure. and Group Performance ", *Management Science*, No. 5, 2000, pp. 612 -625.

Schutz, A. , *The Phenomenology of the Social World*, Evanston: Northwestern University Press, 1967.

Seibert, Kramier, Liden. , "A Social Capital Theory of Career Success", *Academy of Management Journal* , No. 2, 2001, pp. 219 −237.

Shi, PL. , Small, M. , *Modelling of SARS for Hong Kong*, http: // zcam. tsinghua. edu. cn / ~ shipl/sars0. pdf, 2006.

Shi, Z. , Raúl, J. , "The Rich-club Phenomenon in the Internet Topology", *IEEE Communications Letters*, No. 3, 2004, pp. 180 −182.

Small, M. , Tse, C. K. , "Small World and Scale Free Model of Transmission of SARS", *International Journal of Bifurcation and Chaos*, No. 5, 2005, pp. 1745 −1755.

Snyder, D. , Kick, E. L. , "Structural Position in the World System and Economic Growth, 1955 −1970: A Multiple-network Analysis of Transnational Interactions", *The American Journal of Sociology*, No. 5, 1979, pp. 1096 −1126.

Sparrowe, R. , Liden, R. , Kraimer, M. , "Social Networks and the Performance of Individuals and Groups", *Academy of Management Journal*, No. 2, 2001, pp. 316 −325.

Spector, P. E. , "Measurement of Human Service Staff Satisfaction: Development of the Job Satisfaction Survey", *American Journal of Community Psychology*, Vol. 13, No. 6, 1985, pp. 693 −713.

Spector, P. E. , *Job Satisfaction: Application, Assessment, Causes, and Consequences*, Thousand Oaks, CA: Sage, 1997.

Thompson, J. A. , "Proactive Personality and Job Performance: A Social Capital Perspective", *Journal of Applied Psychology*, No. 5, 2005, pp. 1011 −1017.

Timothy, T. B. , Michael, D. B. , Johnson, J. D. , "The Social Fabric of a Team-based M. B. A. Program: Network Effects on Student Satisfaction and Performance", *Academy of Management Journal*, No. 6, 1997, pp. 1369 −1397.

Tsai, W. , Ghoshal, S. , "Social Capital and Value Creation: The Role of Intra-firm Networks", *Academy of Management Journal*, Vol. 41, No. 4, 1998, pp. 464 −476.

Tsai, W. , "Knowledge Transfer in Intra-organizational Networks: Effects of Network Position and Absorptive Capacity on Business Unit Innovation and Performance", *Academy of Management Journal*, Vol. 44, No. 5, 2001, pp.

996 −1004.

Tsai, W. , "Social Structure of 'Coopetition' within A Multiunit Organization: Coordination, Competition, and Intra-organizational Knowledge Sharing", *Organization Science*, Vol. 13, No. 2, 2002, pp. 179 −190.

Vinzant, C. , "At Least No One Got Third Degree Burns", *Fortune*, No. 6, 2000, p. 328.

Wasserman, S. , Faust, K. , *Social Network Analysis: Methods and Applications*, New York and Cambridge, ENG: Cambridge University Press, 1994.

Watts, D. J. , Strogatz, S. H. , "Collective Dynamics of 'Small-world' Networks", *Nature*, No. 4, 1998, pp. 440 −442.

Watts, D. J. , Dodds, P. S. , Newman, M. E. J. , "Identity and Search in Social Networks", *Science*, No. 296, 2002, pp. 1302 −1305.

Webb, N. M. , "Student Interaction and Learning in Small Groups", *Review of Educational Research*, No. 3, 1982, pp. 421 −445.

White, H. C. , "Where do Markets Come From", *American Journal of Sociology*, No. 3, 1981, pp. 517 −547.

Yang, H. L. , Tang, J. H. , "Team Structure and Team Performance in IS Development: A Social Network Perspective", *Information and Management*, No. 3, 2004, pp. 335 −349.

Zenger, T. R. , Lazzarini, S. G. , Poppo, L. , "Informal and Formal Organization in New Institutional Economics", *Advances in Strategic Management*, No. 1, 2002, pp. 277 −305.

Kilduff, M. , Tsai, W. :《社会网络与组织》, 蔡文斌、朱超威等译, 中国人民大学出版社, 2007。

Koontz, H. 、Weihrich, H. :《管理学》, 张晓君译, 经济科学出版社, 1998。

Richard, H. 、Peter, W. :《高效: 世界知名企业提升绩效的整体方案》, 张亚非译, 人民邮电出版社, 2004。

Willems, R. :《业绩管理》, 赵政斌译, 东北财经大学出版社, 1999。

Willems, R. :《组织绩效管理》, 蓝天星翻译公司译, 清华大学出版社, 2002。

边燕杰：《城市居民社会资本的来源及作用：网络观点与调查发现》，《中国社会科学》2004 年第 3 期。

董国辉：《经济全球化与"中心—外围"理论》，《拉丁美洲研究》2003 年第 2 期。

杜海峰、悦中山、李树茁等：《基于模块性指标的动态网络社群结构探测方法》，《系统工程理论与实践》2009 年第 3 期。

李佳霖：《求解中小企业发展之困》，《经济日报》2013 年 7 月 19 日。

李培林：《流动民工的社会网络和社会地位》，《社会学研究》1996 年第 4 期。

李守伟、钱省三：《产业网络的复杂性研究与实证》，《科学学研究》2006 年第 4 期。

李树茁、任义科、费尔德曼等：《中国农民工的整体社会网络特征分析》，《中国人口科学》2006 年第 3 期。

李树茁、杨绪松、靳小怡等：《中国乡城流动人口社会网络复杂性特征分析》，《市场与人口分析》2006 年第 5 期。

李晓轩、李超平、时勘：《科研组织工作满意度及其与工作绩效的关系研究》，《科学学与科学技术管理》2005 年第 1 期。

李正欢：《社会网络结构对团队绩效的影响研究——以 T 连锁餐饮企业为例》，《北京第二外国语学院学报》2008 年第 11 期。

林南：《社会资本——关于社会结构与行动的理论》，张磊译，上海人民出版社，2005。

刘继云、李红：《基于复杂网络的证券投资行为扩散研究》，《企业经济》2007 年第 11 期。

刘军：《社会网络分析导论》，社会科学出版社，2004。

罗家德、朱庆忠：《人际网络结构因素对工作满足之影响》，《中山管理评论》2004 年第 4 期。

罗家德：《社会网分析讲义》，社会科学文献出版社，2005。

罗志恒、葛宝山、董保宝：《网络、资源获取和中小企业绩效关系研究：基于中国实践》，《软科学》2009 年第 8 期。

吴红宇、谢国强：《新生代农民工的特征、利益诉求及角色变迁——基于东莞塘厦镇的调查分析》，《南方人口》2006 年第 2 期。

肖鸿：《试析当代社会网研究的若干进展》，《社会学研究》1999年第3期。

许丹、李翔、汪小帆：《复杂网络理论在互联网病毒传播研究中的应用》，《复杂系统与复杂性科学》2004年第3期。

亚当·斯密：《国民财富的性质和原因的研究》，郭大力、王亚南译，商务印书馆，1972。

杨红梅、吴尊友、王克安：《社会网络与HIV传播》，《中国艾滋病性病》2003年第1期。

姚小涛、席酉民：《社会网络理论及其在企业研究中的应用》，《西安交通大学学报》（社会科学版）2003年第9期。

姚小涛、王洪涛、李武：《社会网络与中小企业成长模型》，《系统工程理论方法应用》2011年第1期。

尹柳营：《他山之石，中小企业发展的经验与案例》，清华大学出版社，2005。

宇红、王欢：《解读布尔迪厄的社会资本理论》，《社会》2004年第3期。

张俊喜、马钧、张玉利：《中国中小企业发展报告》，社会科学文献出版社，2005。

张娜、陈学中：《团队社会资本及对绩效的影响》，《科学与科学技术管理》2007年第11期。

张其仔：《新经济社会学》，中国社会科学出版社，2001。

张文宏、阮丹青：《城乡居民的社会支持网》，《社会学研究》1999年第3期。

郑晓涛、石金涛、郑兴山等：《员工社会资本与员工绩效的关系研究及未来的研究方向》，《科技进步与对策》2008年第3期。

中华人民共和国国家统计局：《中国统计年鉴（2008）》，中国统计出版社，2008。

周涛、傅忠谦、牛永伟等：《复杂网络上传播动力学研究综述》，《自然科学进展》2005年第5期。

附录1 网络拓扑结构图

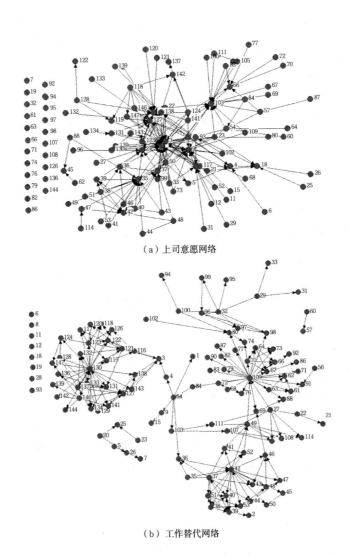

（a）上司意愿网络

（b）工作替代网络

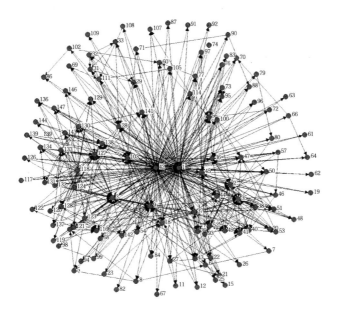

（c）发展促进网络

（d）离职讨论网络

附图 1－1　YZ 公司网络拓扑结构图

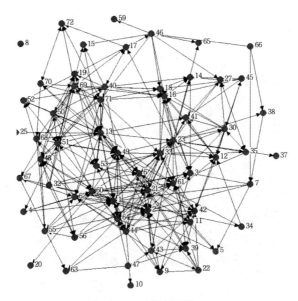

（a）上司意愿网络

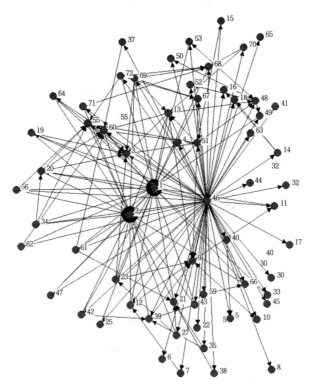

（b）工作替代网络

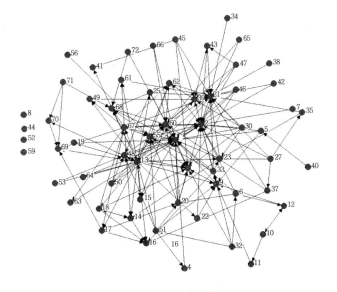

（c）发展促进网络

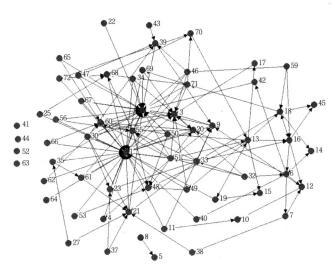

（d）离职讨论网络

附图 1-2　BD 公司网络拓扑结构图

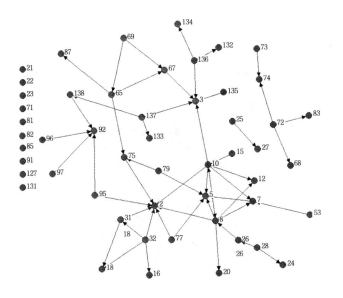

（a）上司意愿网络

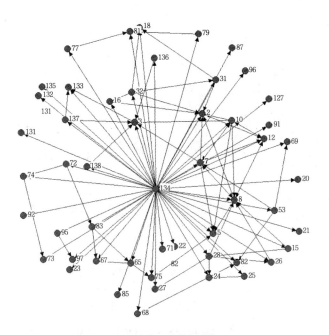

（b）工作替代网络

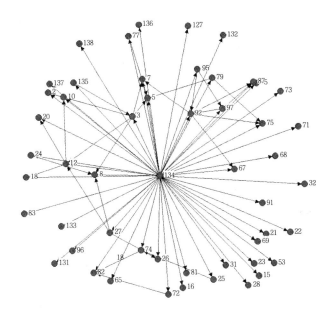

（c）发展促进网络

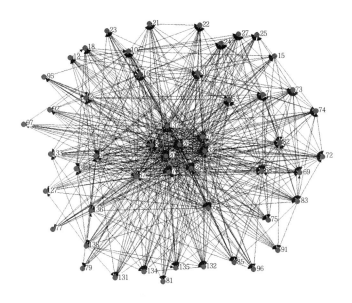

（d）离职讨论网络

附图 1 - 3　SL 公司网络拓扑结构图

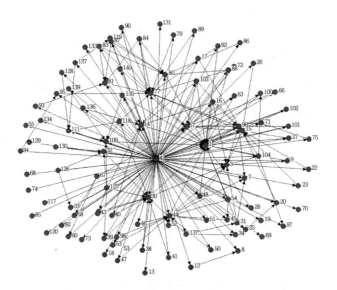

（a）上司意愿网络

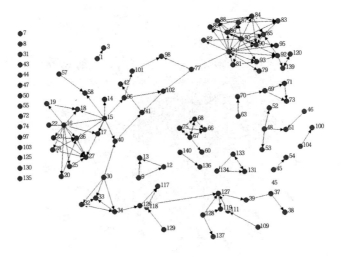

（b）工作替代网络

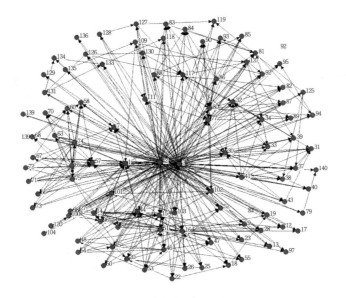

（c）发展促进网络

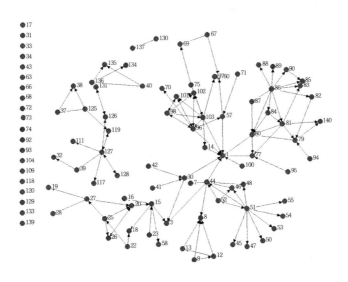

（d）离职讨论网络

附图 1-4　YB 公司网络拓扑结构图

附录 2　中小企业员工网络的社群结构

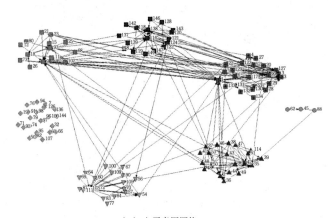

（a）上司意愿网络

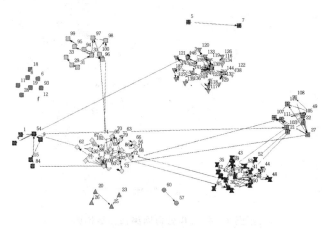

（b）工作替代网络

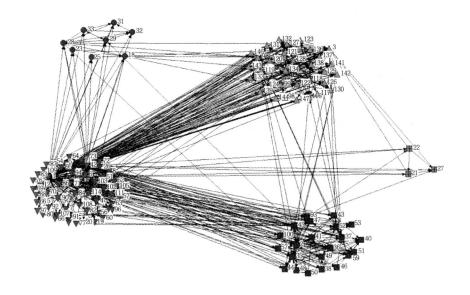

（c）发展促进网络

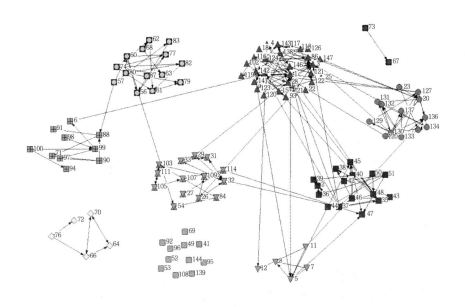

（d）离职讨论网络

附图 2-1　YZ 公司的社群结构

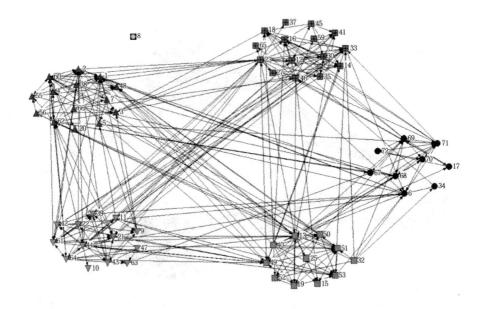

（a）上司意愿网络

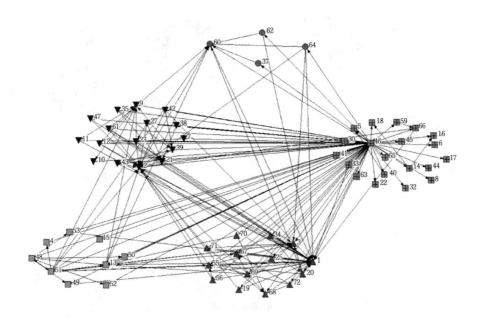

（b）工作替代网络

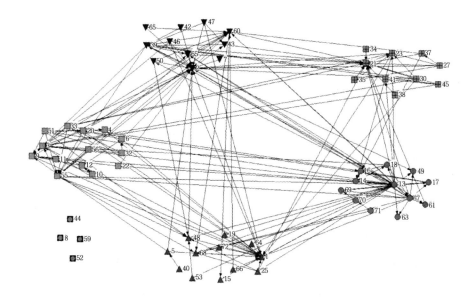

（c）发展促进网络

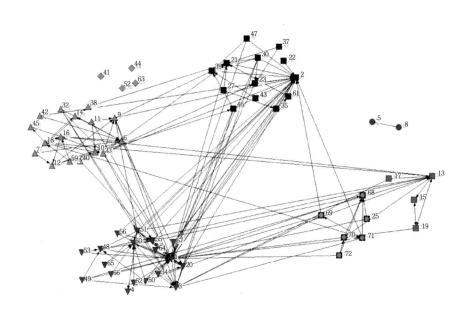

（d）离职讨论网络

附图 2 - 2　BD 公司的社群结构

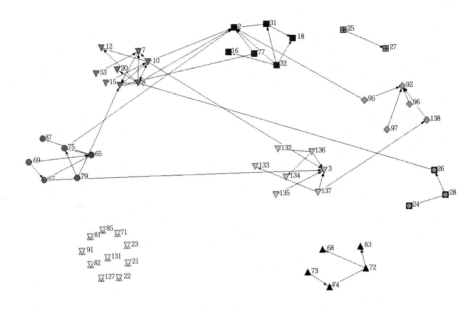

（a）上司意愿网络

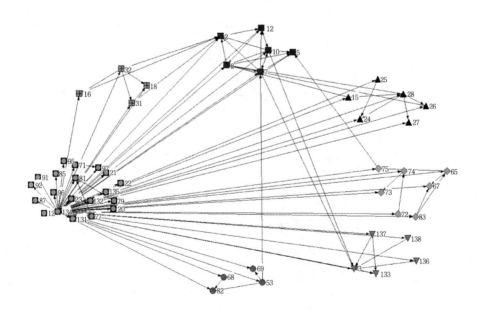

（b）工作替代网络

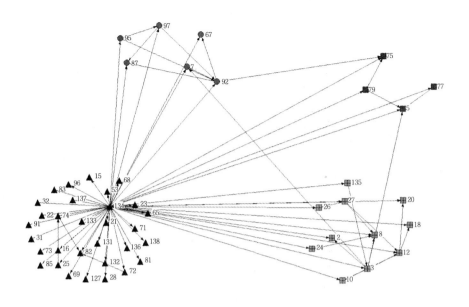

（c）发展促进网络

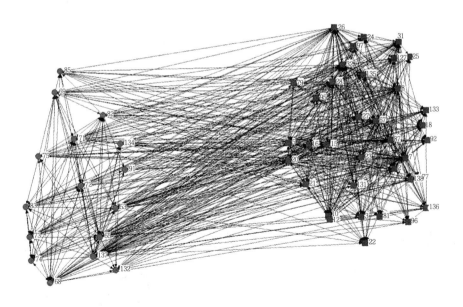

（d）离职讨论网络

附图 2－3　SL 公司的社群结构

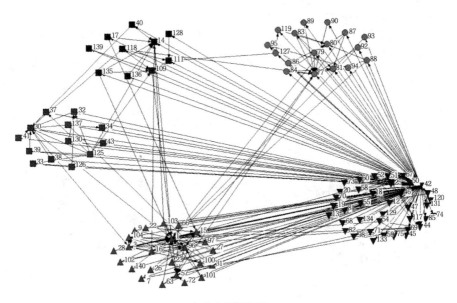

（a）上司意愿网络

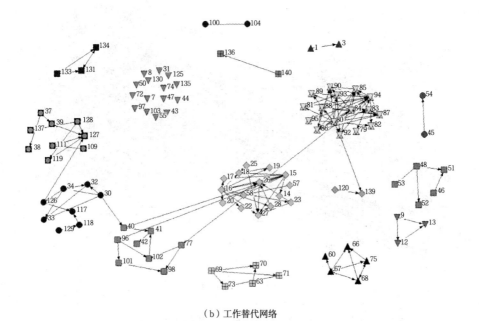

（b）工作替代网络

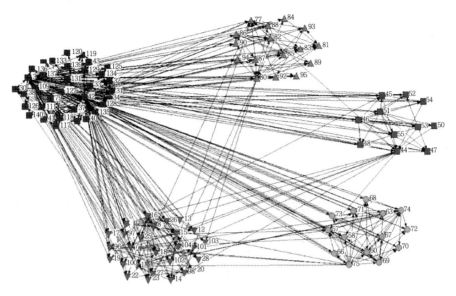

（c）发展促进网络

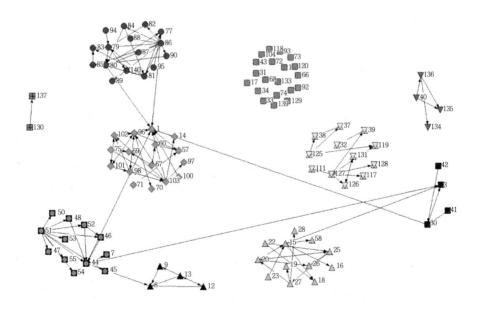

（d）离职讨论网络

附图 2-4　YB 公司的社群结构

附录3　组织结构与团队绩效调查问卷

根据《统计法》第三章第十四条，本资料属于私人、家庭的单项调查资料，非经本人同意，不得泄露。

组织结构与团队绩效调查问卷

被访人编码   □□□□

访问员姓名   _____

核对人姓名   _____

核对人的检查结果   合格（ 　 ）　　不合格（ 　 ）

您好！西安交通大学"组织结构与团队绩效"课题组正在做一项有关企业和组织团队绩效的社会调查，特邀请您参加本次调查，谢谢您的支持和合作！调查收集到的信息将严格保密，除了合格的研究人员外，任何人不会接触到这些资料。这些资料将会在课题组保存 5 年。您的回答不会和任何能够表明您身份的信息产生联系，只有一些经过我们汇总后的结果被公布。再次感谢您的合作！

西安交通大学　"组织结构与团队绩效"课题组

2009 年 6 月

第一部分　组织结构

101. 根据您的实际情况，请填写以下问题。

   101.1　在过去 6 个月里，与您经常发生联系（通过见面、电话、短信或 QQ 聊天）的人有多少个？

　　　　1. 同事□□□　　　　　　　2. 家人/亲戚□□□

　　　　3. 同学/朋友□□□　　　　4. 其他人□□□

101.2　不包括本公司的人员，在过去 6 个月里，您与多少人讨论过
　　　　有关您自己的重要事情？

　　　　1. 家人/亲戚□□□　　　　2. 同学/朋友□□□

　　　　3. 其他人□□□

101.3　不包括本公司的人员，您认为有多少人将会对您个人的未来
　　　　发展有促进作用？

　　　　1. 家人/亲戚□□□　　　　2. 同学/朋友□□□

　　　　3. 其他人□□□

101.4　不包括本公司的人员，如果您打算去其他公司工作，您可能
　　　　和多少人讨论？

　　　　1. 家人/亲戚□□□　　　　2. 同学/朋友□□□

　　　　3. 其他人□□□

102. 根据您的实际情况，根据名单上的人名填写以下问题。（注意只需
要填写人名前面的编号即可）

102.1　您与哪些人有工作联系？ ＿＿＿＿＿＿＿＿＿＿＿

＿＿＿＿＿＿＿＿＿＿＿＿＿＿＿＿＿＿＿＿＿＿＿＿＿＿

102.2　您与哪些人讨论过有关您自己的重要事情？ ＿＿＿＿＿＿＿＿

＿＿＿＿＿＿＿＿＿＿＿＿＿＿＿＿＿＿＿＿＿＿＿＿＿＿

102.3　您与哪些人有过非正式的交往活动（如吃饭、喝酒、逛街等)？

＿＿＿＿＿＿＿＿＿＿＿＿＿＿＿＿＿＿＿＿＿＿＿＿＿＿

＿＿＿＿＿＿＿＿＿＿＿＿＿＿＿＿＿＿＿＿＿＿＿＿＿＿

102.4　如果您需要在同事中借钱，您会向哪些人借呢？ ＿＿＿＿＿

＿＿＿＿＿＿＿＿＿＿＿＿＿＿＿＿＿＿＿＿＿＿＿＿＿＿

102.5　您愿意哪些人当您的顶头上司？ ＿＿＿＿＿＿＿＿＿＿＿

＿＿＿＿＿＿＿＿＿＿＿＿＿＿＿＿＿＿＿＿＿＿＿＿＿＿

102.6　您认为哪些人对您的专业能力提高有着重要作用？ ＿＿＿＿

＿＿＿＿＿＿＿＿＿＿＿＿＿＿＿＿＿＿＿＿＿＿＿＿＿＿

102.7　您认为未来哪些人可能会接替您的工作？ ＿＿＿＿＿＿＿＿

＿＿＿＿＿＿＿＿＿＿＿＿＿＿＿＿＿＿＿＿＿＿＿＿＿＿

102.8　您认为哪些人将会对您个人的未来发展有促进作用？ _____

_____

102.9　您认为哪些人可能会造成您工作中的困难？ _____

_____

102.10　如果您打算去其他公司工作，您可能和哪些人讨论？ _____

_____

第二部分　个人基本情况

201. 您是哪个民族？　　1. 汉族　2. 少数民族（请注明：_____）□

202. 您的户籍所在地： _____省（市）_____地（市）_____县

203. 您的婚姻状况是：　1. 从未结过婚　　2. 初婚　　3. 再婚

4. 丧偶　　5. 离婚　　　　　　　□

204. 您有几个儿女？□

1. 没有子女　　2. 一个子女　　3. 两个子女　　4. 三个以上的子女

205. 您的父母是否健在？□

1. 都健在　　　　　　　　　2. 父亲健在，母亲不在

3. 母亲健在，父亲不在　　　4. 都不健在

206. 您的受教育程度是：□

1. 高中（含中专、技校）及以下　　　　2. 大专

3. 本科　　　4. 硕士　　　5. 博士及以上

207. 您最高学历的专业是（高中及以下不用填）：　　　□□

01. 哲学　　　02. 经济学　　　03. 法学　　　04. 教育学

05. 文学　　　06. 历史学　　　07. 理学　　　08. 工学

09. 农学　　　10. 医学　　　11. 管理学　　　12. 军事学

208. 您的政治面貌：　1. 中共党员　　　　2. 团员

3. 群众　　　　4. 民主党派　　　□

209. 您开始进入本公司工作的时间是：　　　　□□□□年□□月

210. 在本单位工作之前，您是否在其他单位工作过：

1. 是　　　2. 否（跳问到 217 题）　　　　　　□

211. 您第一次工作的时间是：　　　　　　　□□□□年□□月

212. 来本单位前，您的月收入（包括奖金）是多少？　　　□

1. 999 元以下　　　　2. 1000 ~ 1999 元　　　3. 2000 ~ 3999 元

4. 4000 ~ 6999 元　　5. 7000 ~ 9999 元　　　6. 10000 ~ 19999 元

7. 20000 ~ 49999 元　8. 50000 元以上

213. 您来本公司之前的上一个公司的性质是：　　　　　　　　□

　　1. 国有企业　　　　2. 民营企业　　　　3. 外资企业

　　4. 事业单位　　　　5. 非营利组织　　　　6. 其他（请注明_____）

214. 在您来本公司之前的上一个公司，您所在的部门是：　　　　□

　　1. 生产部门　　　　2. 销售部门　　　　3. 研发/技术部门

　　4. 管理部门　　　　5. 其他（请注明_____）

215. 在您来本公司之前的上一个公司，您的职位是：　　　　　□

　　1. 普通员工　　　　　　　　2. 基层管理人员/技术人员

　　3. 中层管理人员/技术人员　　4. 高级管理人员/技术人员

　　5. 老板　　　　　　　　　　6. 其他（请注明_____）

216. 您离开原公司的最主要的三个原因是什么？　　□□　□□　□□

　　01. 雇佣合同到期　　　　　02. 公司裁员

　　03. 与公司理念不和　　　　04. 工作条件太差

　　05. 不满公司管理制度　　　06. 不满公司奖惩制度

　　07. 工资、福利不理想　　　08. 与上级有冲突

　　09. 在公司的人际关系不好　10. 对工作本身不满意

　　11. 对所在的职位不满意　　12. 没有培训和发展的机会

　　13. 受到其他人的影响　　　14. 工作压力过大

　　15. 不能胜任工作　　　　　16. 其他（请注明_____）

217. 您目前平均每周工作____天，每天工作____小时。　□天□□小时

218. 近半年您的平均月收入：　　　　　　　　　　　　　　　□

　　1. 999 元以下　　　　2. 1000 ~ 1999 元　　　3. 2000 ~ 3999 元

　　4. 4000 ~ 6999 元　　5. 7000 ~ 9999 元　　　6. 10000 ~ 19999 元

　　7. 20000 ~ 49999 元　8. 50000 元以上

219. 您对自己的收入满意吗？　　　　　　　　　　　　　　　□

　　1. 非常不满意　　　2. 不满意　　　3. 一般

　　4. 满意　　　　　　5. 非常满意

220. 您所在公司有没有给您提供以下福利：　　*编码：1. 有　2. 没有

220. 1   基本养老保险   □

220. 2   失业保险   □

220. 3   基本医疗保险   □

220. 4   工伤保险   □

220. 5   生育保险   □

220. 6   住房公积金   □

221. 您对公司目前给您提供的福利满意吗？   □

    1. 非常不满意   2. 不满意   3. 一般

    4. 满意   5. 非常满意

222. 根据您的第一感觉作答。

222. 1   您做决定时：   □

    1. 了解别人对问题有什么想法后才决定

    2. 不跟别人商量，自己决定

222. 2   空闲时您喜欢：   □

    1. 一个人安静地思考问题

    2. 找人聊天，参加娱乐活动

222. 3   工作的时候：   □

    1. 用自己熟悉而有效的方法完成

    2. 想方设法用新方法来完成

222. 4   您身体不舒服的时候，是否会发脾气：   1. 是 2. 否   □

222. 5   当您遇到问题的时候：   □

    1. 会和别人稍微谈谈，然后自己仔细思考

    2. 会和别人反复讨论，然后自己考虑

222. 6   您觉得：   □

    1. 别人很难发觉您内心的思想和感情

    2. 您总是要求别人一道参加活动

222. 7   您：   □

    1. 自己的思想和感情一概不外露

    2. 随时和别人沟通自己的思想和感情

222. 8   您喜欢：

    1. 会见新闻人物   □

　　2. 独自一个人或与熟悉的人在一起

222.9　您喜欢：　□

　　1. 在一个小组内充分地讨论一个新的、未曾考虑过的问题

　　2. 自己冥思苦想一个问题，然后把想出的结果告诉别人

222.10　您经常：　□

　　1. 成为人们注意的中心　　2. 沉默寡言

222.11　当要和陌生人打交道的时候，您会：　□

　　1. 感到需要做出努力　　　2. 感觉愉快，不费力

222.12　在群体中，您是：　□

　　1. 愿意安静地默默工作　　2. 是个很好的协调者

222.13　您认为自己：　□

　　1. 比一般人更热情　　　　2. 没有一般人那么容易激动

222.14　您可以：　□

　　1. 很容易和一个人想谈多久就谈多久

　　2. 只在特定的环境下或对特定的人才会有很多话说

222.15　新认识的人通常何时能说出您的兴趣点：　□

　　1. 马上　　　　　　　　2. 只有开始真正了解您后才行

222.16　在聚会中，您常常：　1. 介绍别人　　2. 被别人介绍　□

222.17　选择您比较喜欢的词：1. 安静　　　　2. 生动活泼　□

第三部分　个人与部门绩效

　　301. 下面的几句话是关于您工作状况的一些描述，请您按照您真实的想法回答您是否同意这种描述。

　　*编码：1. 完全不同意　　2. 比较不同意　　3. 既不同意也不反对

　　　　　4. 比较同意　　　　5. 完全同意

301.1　您的工作生产力很高　□

301.2　即使工作处于低潮，您仍然能够有效地利用时间　□

301.3　您能按时完成所有的工作　□

301.4　您在工作上能够精益求精　□

301.5　在工作中您会注意细节问题，确保工作质量　□

301.6　您能够很快地学习与工作相关的知识或技能　□

301.7　您很乐意尝试新的工作程序、新的工作方法或者是新的设备 □

301.8　在工作中您对您的同事都很友好 □

301.9　在工作中您能够对每个人的个人差异表示尊重 □

301.10　即使您不想去做，您也会完全服从命令 □

301.11　您不会违反公司的规定和政策 □

301.12　即使工作时间很紧，您也能保持冷静 □

301.13　即使在工作条件很艰难的情况下，您也能保持镇定 □

301.14　您的出勤记录很好 □

301.15　为了您能更迅速地开始工作，您通常会提前去办公室 □

302. 下面的几句话是关于您对您所在部门的一些描述，请您按照您真实的想法回答您是否同意这种描述。

*编码：1. 完全不同意　　2. 比较不同意　　3. 既不同意也不反对

　　　4. 比较同意　　5. 完全同意

302.1　本部门的工作生产力很高 □

302.2　即使工作处于低潮，本部门仍然能够很好地利用时间 □

302.3　本部门的工作都能够按时完成 □

302.4　本部门在工作上精益求精 □

302.5　本部门十分注意工作上的细节，确保工作质量 □

302.6　本部门的工作人员不会在吃饭和休息上花很多时间 □

302.7　本部门的工作人员出勤记录很好 □

302.8　即使快要下班了，本部门的工作人员仍然会认真工作 □

302.9　本部门基本上掌握了未来可能影响到工作绩效的各种因素 □

302.10　本部门会主动去寻找解决问题的方法 □

302.11　本部门很努力地去解决工作人员之间的矛盾 □

302.12　本部门成功地解决了正在损害部门绩效的冲突 □

302.13　本部门的工作绩效非常好 □

302.14　本部门运作一直非常好 □

第四部分　工作满意度

401. 下面的几句话是关于您工作上的一些认知态度的描述，请您按照您真实的想法回答您是否同意这种描述。

　＊编码：1. 完全不同意　　2. 比较不同意　　3. 既不同意也不反对

　　　　　4. 比较同意　　5. 完全同意

401.1　您有时候觉得自己的工作一点意义都没有　　□

401.2　您喜欢自己工作中所做的事情　　□

401.3　您对自己从事的工作有一种自豪感　　□

401.4　您的工作能使人感到十分愉快　　□

401.5　您的上级很能胜任他（她）的职务　　□

401.6　您的上级对您不公平　　□

401.7　您的上级对下属的想法一点兴趣也没有　　□

401.8　您喜欢您的上级　　□

401.9　您的工作晋升机会很少　　□

401.10　在本部门中，凡是工作中表现出色的人都能获得公平的晋升
机会　　□

401.11　在本部门工作的人，和在别的地方工作一样能够发展迅速□

401.12　您对您的晋升机会感到满意　　□

401.13　您对您得到的利益并不满意　　□

401.14　您在这个组织中得到的利益和在其他组织中能够得到的利益
一样多　　□

401.15　本部门内部的利益分配是公平的　　□

401.16　您没有得到本应该得到的利益　　□

401.17　您在本部门内的人际交往看上去很不错　　□

401.18　您对本部门的目标还很不明确　　□

401.19　您经常感到不知道本部门里会发生什么事情　　□

401.20　您的工作任务经常得不到全面的解释　　□

第五部分　部门的认同感与归属感

501. 下面的几句话是关于您对您所在的部门的一些认知态度描述，请
您按照您真实的想法回答您是否同意这种描述。

　＊编码：1. 完全不同意　　2. 比较不同意　　3. 既不同意也不反对

　　　　　4. 比较同意　　5. 完全同意

501.1　当有人批评您所在的部门时，您会感到很生气　　　□

501.2　您很在意别人对您所在的部门的看法　　　□

501.3　当您谈到您自己的部门时，您会用"我们"而不会用"他们"来描述。　　　□

501.4　您所在部门的成功也是您的成功　　　□

501.5　当别人赞美您所在部门的时候，您会觉得像是在称赞您一样。　　　□

501.6　如果有传媒批评您所在部门，您会觉得有些尴尬　　　□

501.7　您感觉您是属于部门的　　　□

501.8　您感觉您是部门的一员　　　□

501.9　您把自己看作部门的一分子　　　□

501.10　您对您所在的部门充满感情　　　□

501.11　在您目前所在的部门内工作令您高兴　　　□

501.12　您喜欢在您所在的部门里面工作　　　□

图书在版编目（CIP）数据

员工社会网络与个人绩效研究：以中小企业为例/杜巍，任义科，
蔡萌著. —北京：社会科学文献出版社，2014.9
（西安交通大学人口与发展研究所·学术文库）
ISBN 978 - 7 - 5097 - 6326 - 1

Ⅰ. ①员… Ⅱ. ①杜… ②任… ③蔡… Ⅲ. ①中小企业 - 企业
结构 - 影响 - 企业绩效 - 研究 Ⅳ. ①F272.5

中国版本图书馆 CIP 数据核字（2014）第 178765 号

西安交通大学人口与发展研究所·学术文库

员工社会网络与个人绩效研究
——以中小企业为例

著　　者／杜　巍　任义科　蔡　萌

出 版 人／谢寿光
项目统筹／周　丽　高　雁
责任编辑／高　雁　梁　雁

出　　版／社会科学文献出版社·经济与管理出版中心（010）59367226
　　　　　地址：北京市北三环中路甲 29 号院华龙大厦　邮编：100029
　　　　　网址：www. ssap. com. cn
发　　行／市场营销中心（010）59367081　59367090
　　　　　读者服务中心（010）59367028
印　　装／三河市尚艺印装有限公司

规　　格／开　本：787mm × 1092mm　1/16
　　　　　印　张：14.5　字　数：237 千字
版　　次／2014 年 9 月第 1 版　2014 年 9 月第 1 次印刷
书　　号／ISBN 978 - 7 - 5097 - 6326 - 1
定　　价／65.00 元